项目支持：
国家自然科学基金项目（71962030）"深度贫困地区物流与经济耦合协调演变研究 —— 以凉山彝区为例"
西昌学院两高人才计划项目（YBS201902）"农村精准扶贫发展的新趋势研究"

竞争性战略联盟效率边界的内生因素研究

Jingzhengxing Zhanlüe Lianmeng Xiaolü Bianjie de Neisheng Yinsu Yanjiu

聂 鹰 ○ 著

西南财经大学出版社
Southwestern University of Finance & Economics Press
中国·成都

图书在版编目(CIP)数据

竞争性战略联盟效率边界的内生因素研究/聂鹰著.—成都:西南财经大学
出版社,2021.12
ISBN 978-7-5504-5234-3

Ⅰ.①竞… Ⅱ.①聂… Ⅲ.①企业联盟—研究 Ⅳ.①F276.4

中国版本图书馆 CIP 数据核字(2021)第 268807 号

竞争性战略联盟效率边界的内生因素研究
聂鹰　著

策划编辑:李邓超
责任编辑:廖韧
责任校对:李思嘉
封面设计:何东琳设计工作室
责任印制:朱曼丽

出版发行	西南财经大学出版社(四川省成都市光华村街 55 号)
网　　址	http://cbs.swufe.edu.cn
电子邮件	bookcj@swufe.edu.cn
邮政编码	610074
电　　话	028-87353785
照　　排	四川胜翔数码印务设计有限公司
印　　刷	成都市火炬印务有限公司
成品尺寸	170mm×240mm
印　　张	16
字　　数	186 千字
版　　次	2021 年 12 月第 1 版
印　　次	2021 年 12 月第 1 次印刷
书　　号	ISBN 978-7-5504-5234-3
定　　价	88.00 元

前　言

　　竞争性战略联盟,即由竞争对手组建的企业间战略合作关系,是一种新兴战略模式,正日益受到研究学者以及管理实务界关注。通过与竞争对手组建联盟,企业期望借助伙伴的资源提高自身的战略地位和竞争力,并在一定程度上影响和改善所处的行业环境。联盟采用何种治理结构,以及特定的治理结构下如何进一步选取其他治理机制,是控制风险和最大化收益的关键因素。对手间组建联盟的竞争特殊性、风险和收益的尖锐对立,使其管理难度大增。因此,联盟的效率边界是在"边界"基础上增加"效率"的定义,它指明了效率边界是能够有效降低风险、提高联盟潜在竞争优势的治理机制组合。

　　在现有大量联盟合作效应和联盟治理的相关文献基础上,联盟效率边界问题的提出是企业边界问题的直接拓展,是联盟治理问题的精细化,涉及交易成本经济学和战略管理理论的整合与贯通,能够更好解释当企业边界扩展到双边和网络后治理机制的特征和作用机理。因此,本书定位于对竞争性联盟效率边界的内生影响因素进行评价,具有相当的理论与现实意义。

　　本书以竞争性战略联盟为研究对象,运用理论与概念模型、回归模型和结构方程模型等研究方法,提出了竞争性联盟效率边界的维度结构,重点讨论了联盟交易属性、资源与能力特征以及期权因素对效

1

率边界的影响,旨在深入探讨合作效率边界的维度结构、影响因素及其变动机制。

本书着重在以下三个方面开展研究工作:

①收集文献进行理论研究,提出竞争性战略联盟效率边界的理论和概念模型。

②结合理论以及模型分析的相关结果提出经验假设,借助回归模型和结构方程模型检验方法进行实证分析,讨论竞争性联盟效率边界与其影响因素之间的关系和影响路径。

③寻找对影响因素与效率边界之间关系有调节作用的因子,指出效率边界的变动机理。

联盟的效率边界是指能够有效降低联盟风险和提高联盟竞争优势的治理机制组合,它体现了联盟双边或多边关系的真实合作水平,本书采用了联盟治理结构和合同复杂度两个维度来衡量。通过对上述竞争性联盟效率边界的相关问题进行理论和实证研究,本书发现:

①效率边界的第一个维度:联盟治理结构。联盟治理结构(单边契约联盟、双边契约联盟、单边股权联盟、双边股权联盟和合资等)从组织模式上反映了参与企业对联盟活动的边界控制程度。通过对各种治理结构的选择,企业能够对合作水平做第一个层面的管理和控制。

②效率边界的第二个维度:合同复杂度。合同复杂度可以通过规定合作双方的纵向范围(涉及采购、研发、生产、营销和服务等业务的

程度),乃至限制与同行对手合作的横向范围来管理合作水平。其中横向范围是反映合作深度的重要指标,而目前最直观且能够衡量的维度是技术合作中的模块化程度。横向范围可以描述双边关系中合作双方的资源、知识分享和为合作所做出的努力程度,而模块化程度具体体现在产品、技术和组织模块化之中的横向范围指标上。当模块化程度较低时,双边关系中的资源、知识分享程度较高;而当模块化程度较高时,双边关系中的资源、知识分享程度较低。

③综合以上关于效率边界两个维度的理论和概念模型研究,可以从合作的边界(联盟治理结构)和合作的规模(合同复杂度)两个维度来刻画效率边界,从整体上描述联盟治理机制的组合,体现双边关系中真实的合作水平,并初步反映合作水平的多点匹配选择和适应的动态性。具体来讲,效率边界从竞争性联盟内部知识分享和控制的角度,体现了竞合关系中联盟真实合作水平在联盟治理结构(宽度)和合同复杂度(深度)两个维度上的多点协调与平衡,同时反映了联盟治理问题中风险与收益的重要平衡关系。

④实证检验结果表明,竞争性战略联盟的效率边界受到联盟交易属性、内部资源与能力以及外部因素的显著影响。首先,本书从三个方面来甄选影响因子:第一,交易属性。从交易成本理论的视角,分析交易属性对效率边界的作用。第二,资源与能力特征。用资源基础理论描述资源特征和联盟管理能力对效率边界的影响。第三,期权因

3

素。以实物期权理论的框架讨论期权因素——外部不确定性和联盟短期期权价值对联盟效率边界的作用。其次,结构方程模型的路径分析揭示了机会主义风险与潜在竞争优势在因子与边界作用关系中的路径传导机制。最后,本书证实了联盟范围控制和技术模块化是两种独特的联盟治理机制,它们会影响上述内生因子与效率边界的关系,因而在一定程度上反映出效率边界的变动机制。

本书的研究结果在一定程度上完善了竞争性战略联盟的研究体系,拓展了理论深度,对今后的相关理论研究具有一定的参考价值。此外,研究结论有助于竞合策略在实业界推广,能够为企业借助竞合关系获取竞争优势、更好地参与国际竞争提供理论参考和指导。

本书的写作和出版得到了西昌学院院长贺盛瑜教授以及国家自然科学基金项目（71962030）和西昌学院博士科研启动项目（YBS201902）的大力支持,在此一并致谢。

聂鹰

2021 年 8 月

目录

1 绪论

1.1 学术价值和现实意义

1.1.1 问题的提出

20世纪80年代以来,信息技术革命对社会资源配置、企业运营和竞争方式以及全球市场经济格局等都产生了重大而深刻的影响。发达国家,尤其是美、日、欧地区的跨国公司面对日趋激烈的外部竞争环境,开始对企业竞争关系进行战略性调整,即从对立竞争转向大规模的合作竞争。日益发展的合作战略中最明显的现象是"战略联盟"(strategic alliance)。

一般认为战略联盟的概念最早是由美国 DEC 公司总裁 J. Hopland 和管理学家 R. Nigel 提出(秦斌,1998),用来描述产业经济活动中多个企业之间的合作协议,包括合作研究协议、少数股权参与以及合资企业等多种形式。20世纪90年代以来,世界上越来越多的企业加入了联盟行列,企业间各种合作协议每年以超过25%的速度在增长。联盟的迅速发展以及由此产生的深刻影响引起了管理人员和理论界的关注,英国航空公司总裁 R. Smith 说:"伙伴关系是发展全球战略最有效的方法。"

管理大师彼得·德鲁克(1995)说:"工商业正在发生的最伟大变革,不是以所有权为基础的企业关系的出现,而是以合作伙伴关系为基础的企业关系的加速增长。"有许多研究都认为 21 世纪的竞争将在联盟企业间展开。战略联盟作为一种现代企业组织形式,已经成为企业提升竞争优势的重要手段,对它的研究也已成为战略管理领域的重要课题。

对于战略联盟的研究,学者们在早期更多地关注于买者与卖者之间的上下游关系。这一背景之下的合作与竞争的制衡问题,曾被视为是在长期合作过程中提升参与者竞争能力的重要途径。但随着竞争环境的持续动态发展、企业之间竞争程度的加剧,以及创新活动成本及风险水平的急剧增加,单个企业已经很难再同时拥有各种战略行为所需的全部资源和能力。为了更加有效率地开展组织活动并推进战略实施,同行竞争性企业之间开始出现了相互合作的现象。尤其是近年来,这种发生于竞争对手之间的联盟合作呈现加速增长的趋势,有学者指出:"近几年,70%以上的合作都是水平型的,即发生在直接竞争对手之间。"这种合作类型被称为竞合(Co-opetition)关系(Bengtsson and Kock,2000a;Luo,2007;Zineldin,2004),或者是竞争性战略联盟(Long et al.,2009;Soekijad and Andriessen,2003)。

竞合关系这一思想是由 Novell 公司的 CEO Ray Noorda 于 1989 年首次提出的,但当时并未引起学术界及管理实践人员的重视,直到 1996 年 Brandenburger 和 Nalebuff 合著的 *Co-opetition* 一书问世,管理学界才逐渐展开了对该领域的研究。至今,这一课题已发展成为战略联盟研究领域的一个重要焦点。正如 Bengtsson 和 Kock（2000a）在其探索性研究中所指出的,竞合关系的复杂性在于它是由竞争与合作这两种截然不同并相互矛盾的逻辑原理交互作用而形成的。这表明竞合关系与单纯的竞争或合作范式是存在本质区别的,而且其治理模式也更为复杂。只有协调好伙伴间不完全一致的利益追求、处理好竞争与合作的对立关系,才能够借助竞合策略创造独特的竞争优势,如分担投资、分散风险、市场准入、快速提高行业地位、形成规模经济、扩展企业边界等。

合作的控制与评价是所有联盟普遍关注的问题,由于竞合策略被引入到管理研究领域的时间较短,所以截至目前,对于管理人员普遍关心的该类联盟的运行效果,学者们仅是针对某一两个单项指标进行了研究,如竞合强度（Chien and Peng, 2005）、资源转移水平（Dussauge et al., 2000）、稳定性（Dussauge et al., 2004；Nielsen, 2007）等,而从整体角度、较为系统地对合作效果进行综合评价的研究还有待进一步发展。在合作效果的内容方面,此前学者们更多地关注了利润、联盟寿命等绩效指标。但是在由同行竞争对手所组建的联盟中,合作成员在关心绩效表现的同时,对联盟内的潜在风险也十分关注,因为任何核心知识、技能的流失都会直接导致自身竞争力的下降以及伙伴企业竞争实力的提升,并在后期竞争中对自身形成巨大威胁。因此在强调竞争性联盟的运行效果时,有必要重视联盟的治理问题,而这也正是目前研究发展的热点和本书关注的重点。

针对以上问题,本书将以竞争性战略联盟为研究对象,综合利用理论模型、概念模型和实证分析等研究方法,并依托从国内企业获取的调研数据,对竞争性联盟的治理结构选择、联盟合同复杂度的影响因素、它们之间的路径传导机制以及效率边界变动机制等内容进行综合评价,弥补现有研究体系在研究内容与方法方面的不足。

1.1.2 研究的学术价值

竞争性战略联盟是行业内竞争对手之间的联盟,联盟双方共同从事某一项经营活动,从而模糊了企业之间竞争与合作的差别。竞争性联盟的目的在于改善公司在价值创造活动中的地位,以共同应对激烈的市场竞争。建立竞争性联盟,可使公司获得规模经济,减少多余的生产能力,转移知识产权,降低经营风险。竞争性联盟包括技术联盟、生产联盟、销售联盟等多种形式。技术联盟可以通过降低联盟双方在新产品、新技术研究开发方面的成本,提高产品开发速度与效率,分散风险。生产联盟可以通过共用零部件安排、共同采购原材料等降低生产成本,提高经营效率与收益水平。在营销联盟中获得的效率提升,则主要来自联盟成员相互借助对方的销售渠道和关系网络而实现规模经济,帮助联盟各方以更快的速度进入新市场并尽快提高市场份额,此外,还可以通过信息共享或者联合广告宣传等措施,降低营销成本。

对于竞争性联盟这一正在全球范围内迅速发展的新型战略模式,无论是经济学界还是管理学界都在努力对其进行探索性研究。目前,国内外学术界有关战略联盟的文献丰富,研究方法也呈多元化趋势。从最初的联盟动机、利益分配、联盟伙伴间信任与欺诈、运作或管理模式等课题逐渐过渡到竞合关系研究、联盟不稳定性、合作效应的成因和治理机制研究;从偏重于联盟关系的理论模型或数量分析转而深度考察公司组建的联盟实际案例,形成具有路径依赖的质化研究成果或采用大样本统计分析方法;近年的研究着眼点仍偏重于企业技术联盟和合作创新网络等方面,在战略联盟的合作效应和影响因素分析方面已经取得了丰硕的成果,但对于企业更为关心的联盟的治理机制以及运行效果等内容还有待深入研究。而本书拟借助理论模型、概念模型和实证模型等多种研究手段,力争从整体角度、以整合视角对竞争性联盟效率边界的相关问题进行综合评价,具有一定的学术价值。

1.1.3　研究的现实意义

正如学者所指出的,发生于竞争对手之间的联盟合作近年呈现加速增长的趋势,占七成以上的联盟是由直接竞争对手或包含竞争对手的企业组成的。在国外,竞合策略被广泛应用于高新技术行业,如生物制药、医药、半导体、软件、航空航天等,这些行业具有某些共同特征,如投资大、风险高、技术或需求更新速度快等。正是这些环境特征催生了竞合策略并加速了其推广进程。在国内,尽管对这一战略模式的运用还不及国外那样普遍,而且尚未呈现出显著的行业特征(除了高技术行业,在家电、汽车、钢铁等制造业企业中也出现了不少竞争对手相互合作的现象),但是已经引发了越来越多管理人员的关注。例如,2001 年 3 月 20 日,武钢集团与首钢、宝钢结成战略联盟,在铁矿石等大宗原材料的联合采购,运输环节的整合,新产品、新技术和新工艺的联合研发等方面开展合作,以此降低采购、运输及研发成本,优化市场资源配置。在合作营销方面,重庆太极集团与上海雷允、广州广药以资源共享为目标,本着互惠互利的原则,签署了"市场资源置换协议",组建了"销售联盟药店"。三家药业企业将各自属下的连锁店设置为对方产品的特约经销点,以设立产品专柜的形式加大品牌推介,降低相互间药品的上架费。

竞争性联盟在实业界的广泛应用,表明这种联盟模式已经得到了管理人员的认可,能够为企业创造独特的价值或竞争优势。竞争对手组建联盟的主要目标包括:通过学习获取技术,通过合作生产降低成本,通过联合采购降低采购成本,通过联合营销降低销售成本并快速扩大市场份额等。

为了实现战略目标,或者说保证联盟取得理想效果,企业首先需要选择恰当的合作治理方式,因为治理方式和机制是与其合作效果直接联系的。联盟结构模式的选择是联盟管理的关键问题之一,企业可以通过合资、参股、签署合作协议、开展技术交流、特许经营等多种形式,与同行企业开展合作,选择恰当的治理结构才能够最大限度地保证联盟目标的实现。从实用角度讲,对竞争性战略联盟的治理问题进行研究,能够为企业如何利用竞合关系减少风险,提高潜在竞争优势、实现战略目标提供理论参考与指导。

1.2　研究目的和研究内容

1.2.1　基本概念界定

本书主要围绕竞争性战略联盟的效率边界及其影响因素展开,所用到的基本概念及其界定如下:

①竞争性战略联盟。由处于相同行业,向市场提供相同或可替代产品(服务)的企业组建的合作关系。

②联盟治理结构。目前最有代表性,并被广泛采用的联盟治理结构包括单边契约(unilateral contract)、双边契约(bilateral contract)、单边持股、双边持股以及合资企业,本书采用上述治理结构来分析资源与能力特征对其的影响。

③联盟合同复杂度。这是对联盟合同多个维度的综合考量,反映了合同约束的效力。

④联盟范围(纵向)。联盟合作关系中涉及采购、研发、生产、营销和服务等业务活动的程度。

⑤与同行对手合作的横向范围。这是反映合作深度最重要的指标,描述了双边关系中合作双方的资源、知识分享和为合作所做出的努力程度。

⑥模块化程度。这是具体体现在产品、技术和组织模块化之中的横向范围指标。当模块化程度较低时,双边关系中的资源、知识分享程度较高;而模块化程度较高时,双边关系中的资源、知识分享程度较低。目前最直观且能够衡量的维度是技术合作中的模块化程度。

为了使研究体系及结果更加清晰,本书从参与合作的企业角度,着重分析影响竞争性战略联盟效率边界变动的内生因素:

①内生交易属性,指联盟交易的资产专用性和伙伴不确定性。

②内生资源特征,指联盟内部资源的战略特征。

③内生能力特征,指联盟参与企业内部的能力特征。

1.2.2　研究目的

本书的总体目标是,提出竞争性联盟效率边界的理论框架体系,针对其内生影响因素进行深入研究,分析影响因素与效率边界之间的作用机制和路径,分析效率边界的变动机理,从而为我国企业参与竞争性战略联盟提供有价值的理论参考与指导。

为了实现这些研究目标,需要解决的首要问题是竞争性战略联盟的效率边界的描述。已有研究表明:效率边界是多维度、动态变化的,而数理模型只能表达个别维度或变量的特性,管理实证分析结果又较为庞杂和笼统,这使得效率边界与其影响因素间的关系难以清晰表达。因此,尽管多种因素会决定和影响效率边界的变动,并且其交互作用也增加了研究的复杂性。然而,现有的新制度经济学和资源基础理论为本研究奠定了坚实的理论基础,使得建立清晰的联盟治理理论图景和指导企业实践成为现实。

本书在理论研究工作之后,将借助概念模型对效率边界进行刻画和表达,并在此基础上,利用数理和实证方法对效率边界的变动机制进行研究,以期实现以下两方面具体目标:

①在理论方面,补充对竞争性联盟经济根源的解释,特别是在解释联盟效率边界方面的不足,以此完善目前的联盟治理理论。

②在实际应用方面,通过系统研究竞争性联盟效率边界的内容、性质和发生规律,为企业合理选择与竞争对手的联盟策略,尤其是联盟治理机制和管理手段提供参考。

1.2.3 研究内容

为了配合完成上述研究目标,本书设计了以下研究内容:

①竞争性战略联盟效率边界的维度结构研究。

效率边界研究的首要问题是,弄清竞争性战略联盟的效率边界包括哪些方面或内容,也就是效率边界的维度结构问题。

第一,为提高研究内容的合理性以及研究体系的清晰度,依据效率边界的层次,本书把效率边界划分为治理结构(横向的宽度)和合同复杂度(纵向的深度)两部分。两部分不是独立的,而是具有交互影响的。因此,研究按照联盟治理的层次从联盟治理结构的边界层次到联盟合同复杂度的合作规模层次展开。

第二,在效率边界的边界内容方面,本书将联盟的边界细化为联盟治理结构和合同复杂度这两部分,因为由竞争对手组建的联盟中,合作成员间知识分享和联盟知识控制的平衡问题表现得尤为突出,而治理结构和合同复杂度是企业解决上述平衡问题,提高联盟绩效的重要正式治理机制。

②竞争性战略联盟效率边界的影响因素研究。

内生影响因素从联盟双边关系的角度和参与联盟的企业角度可以分为联盟交易属性以及联盟资源与能力特征。经典的交易成本理论认为交易属性是影响治理最重要的因素,尤其是威廉姆森提出的资产专用性特征对企业边界问题有显著的解释力度。并且多数相关研究指出,当与竞争对手合作时,交易属性是通过伙伴间的机会主义风险对治理结构或机制起作用的。机会主义风险主要来源于交易中的以下几种情形:搭便车行为、关键技术被窃取、核心知识泄漏和敲竹杠等。风险的程度以及表现形式较之传统的纵向联盟会更加显著,因此竞争性联盟的管理手段也需要多样化和体现出层次性。

参与企业的资源与能力特征对联盟治理的影响是被极度忽视的,这在很大程度上是因为交易成本理论在企业边界问题上的垄断。然而,随着资源基础理论的发展,交易成本理论与资源基础理论结合起来解释企业边界问题和联盟问题已经成为目前的主流方法。因此本书重点从企业的联盟能力特征对联盟的效率边界的影响进行分析,在调研和文献分析的基础上,建立竞争性战略联盟效率边界的内生影响因素的理论分析模型,并进行相关的实证研究。

此外,外部不确定性和联盟期权价值对于联盟治理的作用也不可忽视,尤其在目前科技进步迅速、市场竞争激烈的大环境下。因而需要结合实物期权理论来完整考察效率边界问题。

③内生影响因素对效率边界的路径研究。

内生影响因素如何影响效率边界,还需要研究变量对效率边界的影响路径。本书所设计的研究模型中包含两个中间变量——机会主义风险和潜在竞争优势。通过风险和收益的分类,本书可以更好地考察风险与收益这一对矛盾体是如何在竞合关系中对治理问题起作用的。这样的设计能够较为全面和深入地了解竞争性战略联盟效率边界的影响因素与其作用机制,并有助于针对关键变量对联盟进行干预和控制。

④效率边界的变动机制研究。

在效率边界的变动机制方面,本书将分析联盟范围控制和技术模块化这两种机制,指出在现有的联盟正式治理机制不足的条件下,通过采用联盟范围控制和技术模块化方式,可以隐晦地控制自身知识泄漏风险和防范在专利体系不成熟的情况下先进技术的流失。这在一定程度上指出了效率边界的变动机理。

1.3 研究方法和结构安排

1.3.1 研究方法

本书拟采用理论研究、数理研究与实证研究相结合的方法对竞争性战略联盟的效率边界问题进行分析。其中,理论研究主要借助概念模型建立变量之间的逻辑关系;数理研究则用于深入讨论少数几个关键变量之间的数量关系;实证研究主要采用因子分析、回归以及结构方程模型等相关方法,从总体上探究多变量之间的作用方向及影响水平。

①理论分析方法。

理论分析,即概念模型方法(concept models),在战略联盟的研究中起着重要的基础作用。这种方法的目标不在于求解变量之间的数量关系,而是构造战略联盟问题中各种因素之间的逻辑关系,从而为研究联盟问题提供管理原则和分析框架。现有文献中用概念模型方法对战略联盟有关问题进行研究是较为普遍的,例如:著名战略管理学家 Ghenmawat 等(1988)把联盟分为垂直联盟和水平联盟;Hagedoorn 和 Sadowski(1999)认为,人们把企业战略联盟视为走向兼并的中间状态是不恰当的,之所以这样认为是因为原来的研究者未能恰当划分联盟的类别。这些都是对战略联盟的类型与性质进行描述的概念模型。

本书用理论分析方法研究竞争性战略联盟效率边界的维度结构,

包括效率边界本身的内容结构,以及各种维度与其影响因素之间的关系,并构建相应的概念模型。

②深度访谈法。

深度访谈法是一种通过调查研究收集数据的方法,它以无结构的、直接的、个人的访问为主要特征。在访问过程中,由掌握高级访谈技巧的调查员对调查对象进行面对面的、一对一的深入访谈,并当场记录回答内容。深度访谈的核心是"深入",即展开谈,其信息特点是"个性"。研究者可以根据采访对象的状态,灵活地选择提问的方式、语气和用词。当面交谈更容易形成友好的合作气氛,并且能够把研究目的、要求和问题解释得更清楚;可以当场提出附加问题,答案更为精确与深入。深度访谈法的主要缺点是费时、成本高,以致样本数量有限。因而在本研究中,深度访谈法是与问卷法结合在一起使用的。

在本书中,深度访谈法具有两方面重要作用:一是利用深度访谈形成有价值的概念模型。鉴于现阶段对竞争性战略联盟的研究还很不完善,理论基础以及有影响的研究成果都相对欠缺,所以为了形成合理的研究逻辑体系,我们需要借助与相关联盟管理人员的深入访谈进行探索性研究。二是借助访谈的内容,辅助相关研究假设的提出。

③实证研究。

竞争性战略联盟的效率边界问题涉及的理论较为复杂,涉及的变量数目较多,而数理模型只适合研究少数几个变量间的影响关系,变量较多时其效用受到很大局限。因为本书提出的概念模型中包含数量较多的研究变量,而且许多变量是不能直接观测的(潜变量),所以需要借助专门用于处理多变量间关系的结构方程模型方法,以便探讨观测变量与潜变量以及潜变量与潜变量之间的影响关系。具体而言,本书拟选取竞合策略应用较为普遍的制造业中的竞争性战略联盟为主要研究对象,利用因子分析、回归和结构方程模型等实证研究方法,对样本的联盟效率边界问题进行实证性描述与解释。

1.3.2　结构安排

本书共分为6章:

第1章 绪论。本章提出了本书的研究意义、研究目的和研究内容以及采用的技术路线。

第2章 文献综述。本章介绍竞争性战略联盟的理论基础以及研究现状,回顾了联盟效率边界的相关研究,包括联盟的治理结构与其他治理机制两部分内容。

第3章 竞争性战略联盟效率边界的模型研究。本章首先提出竞争性战略联盟效率边界的理论模型,再辅以案例分析,最后采用理论图形分析关键变量对效率边界的影响。

第4章 研究设计及实证测度。本章基于概念模型,根据相关文献提出了研究假设;利用通过问卷调查以及访谈法等调研方法获取的数据进行实证测度检验,为下一章的研究做好准备工作。

第5章 竞争性战略联盟效率边界影响因素的实证研究。本章在上一章的基础上,借助相关分析、回归分析和结构方程模型等实证方法对竞争性联盟的效率边界与其影响因素之间的直接以及间接影响关系进行研究。

第6章 结论。本章归纳了本书所得出的主要结论,提出了本书的特色与创新,并阐述了研究局限与进一步研究的展望。

本书总体的研究思路可以用图 1.1 表示：

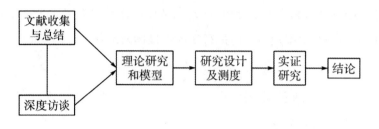

图 1.1　研究思路

1.4　本章小结

本书作为国家自然科学基金项目"竞争性战略联盟的合作效应与效率边界研究"(项目编号:70672012)的重要内容,其研究成果对于推广竞争性战略联盟这一新兴战略模式、深化和发展企业战略联盟理论具有重要的学术价值,并且对我国企业通过联盟策略提高竞争能力、更好地参与国内和国际合作竞争具有较强的理论参考以及指导意义。

本书不仅从理论角度应用交易成本理论、资源基础和实物期权理论、竞争性联盟的治理问题研究成果,探索了竞争性战略联盟效率边界的维度结构,识别了影响联盟效率边界的内生影响因素,还结合理论和概念模型以及实证研究方法,对主流理论下的主要因素与效率边界之间的关系进行了分析和验证。无论是在具体的研究内容、模型构建,还是在所采用的研究方法方面,都具有一定的新颖性和创新性。

2 文献综述

2.1 竞争性战略联盟研究的理论基础

交易成本理论（Coase，1937；Williamson，1975,1985）、资源基础理论（Barney，1991；Hamel and Prahalad，1994；Penrose，1959；Wernerfelt，1984）和实物期权理论（Kogut，1991；Folta and Leiblein，1994；Chi，2000）等是联盟的形成、发展和治理的三种主流理论。

在交易成本理论体系中,联盟的形成与联盟形式的选择均以降低交易成本为基本原则（Hennart，1988；Liang and Han，2004）。而资源基础理论认为,企业是资源的集合体（Penrose，1959）。当企业所需的资源无法通过市场获得或采用内部制造方式不经济时,联盟则会形成（Eisenhardt and Schoonhoven，1996）。可以认为,资源基础理论的分析重点从交易成本转向了价值创造。

实物期权理论认为强调成本最小化而非价值创造的交易成本理论是有缺陷的,主要表现在三个方面:一是交易成本理论没有考虑投资的时机,同时忽略竞争者行为的影响（Li，2007）。二是当不确定性很高时,没有认识到可以通过适当的投资来获得未来潜在增长价值

15

(Leiblein，2003)。三是忽略了战略灵活性。企业可以依赖过去的投资创造出企业特有的资源(战略期权)，并随不确定性改变可以灵活调整企业资源配置(Sanchez，2003)。总之，交易成本理论强调企业投资不确定性而没有考虑不投资的机会成本。

联盟模式的选择是企业极其重要的投资决策，机会成本也是需要考虑的重要因素，因此，需要引入实物期权理论来解释联盟模式的选择问题。实物期权理论与交易成本理论都强调成本最小化，并且实物期权理论更重视价值创造和不进行投资而产生的机会成本。作为一种新兴战略模式，学术界对于竞合关系的研究还处于起步阶段，研究的理论基础也比较薄弱，虽然交易成本理论资源基础理论和实物期权理论等主流学派都关注到了这一新型战略模式，都从各自角度提出了一些理论解释，然而整合多种理论研究联盟问题是研究发展的趋势。

2.1.1 交易成本理论

交易成本理论来源于企业边界理论，并大量应用于研究联盟治理相关问题。"交易成本"是科斯在 1937 年的著名论文《企业的性质》中首先提出的，他在后来的《社会成本问题》一文中，将交易成本推进到社会成本范畴，把交易实质归结为产权的交换，从而推出产权界定与交易成本的关系，即交易成本大于零时，不同的产权制度下交易成本高低不同，资源配置效率也不同。

阿罗将"交易成本"定义为"经济制度的运行成本"。这与张五常提出的概念有些类似。张五常把"交易成本"定义为在鲁滨孙·克鲁索经济中不可能存在的所有的各式各样的成本，交易成本实际上就是所谓的制度成本。

　　威廉姆森(1975)超越了科斯对交易成本的理解,认为交易成本是经济体系运行的成本,将研究领域扩展到所有市场经济组织及各种经济组织中不同形态的"交易关系",指出决定市场交易成本的因素分为人的因素和交易因素两组:人的因素即交易主体的人性假定是有限理性和机会主义的;交易因素主要指市场的不确定性以及市场中交易对手的数目。他开创了交易属性的相关理论,采用资产专用性、交易频率和不确定性三重维度,指出了市场与企业之间存在着混合组织形态及相应的混合治理模式。在这三重维度中,资产专用性扮演了核心角色,资产专用性能产生"可占用的专用性准租",并引发机会主义行为,从而导致交易成本的增加。

　　交易成本理论的发展和完善,使它适用于对任何能以交易协议方式而存在的经济组织。作为一种独特的微观分析方法,交易成本理论为现代企业的产权结构、中间组织、规模扩张、组织形式演进和竞合等问题的研究提供了新的视角。

　　交易成本理论研究一个组织如何划定自己的边界范围,以使它的生产成本和交易成本最小化。在科斯的企业理论中,企业以非市场方式——科层组织(企业)对市场进行替代。他认为:第一,市场和企业都是一种配置资源的机制和协调经济活动的组织形式,企业最显著的特征便是能够替代价格机制。在企业内,生产要素所有者之间的交易被取消,企业内部的权威是决定要素配置的唯一标准。第二,企业之所以存在,是因为企业内部组织的交易成本比通过市场进行同样交易的成本低。第三,企业规模的大小取决于企业存在而节约的交易成本与其引起的组织成本和管理成本之间的对比和权衡。科斯的观点可以归纳为:企业是作为价格机制的替代物而出现的,企业实际上是以企业家为代表的人力资本所有者与物质资本要素所有者之间的一组长期契约。因此,科层治理与市场治理被认为是两种最基本的治理形式。而在联盟、战略集群和虚拟企业这些中间组织形式中,不仅有市场的价格机制在起作用,企业间的中间组织契约也同样有效,因此表现出各种复杂的治理问题。

威廉姆森在早期的文献中认为市场和科层治理是组织的主要形式,中间组织是不稳定的,后来他逐渐认识到了组织间形式——中间组织的重要性和在经济中的主导地位。他认为,企业的出现是不确定性大、交易频率和资产专用程度高的结果。由于生产要素交易过程存在着资产的专用性,如地点的专用性、有形资产的专用性、边干边学形成的人力资本用途专用性和品牌资本等,这些资产专用性使得事先的竞争被事后的垄断或买方独家垄断所取代,结果导致将专用性资产的"准租金"占为己有形成机会主义行为。他认为,用纵向一体化替代现货市场可以消除或减少各种机会主义行为,这是因为在纵向一体化的企业组织中,机会主义因受到权威的监督和长期雇佣关系而弱化。威廉姆森同时还认为,当不确定程度、交易频率和资产专用性三个维度变量处于低水平时,市场则是有效的协调方式。而处于这两者之间的是双边、多边和杂合的中间组织形态,这种组织间关系是相对市场或层级组织的另一种选择,并在经济体中扮演重要的角色。

交易成本理论无疑是组织治理选择的首要理论,Geyskens 和 Steenkamp(2006)采用计量文献元分析技术研究了 1975 年至 2006 年发表的 200 余篇关于企业边界治理决策的文献,分析发现交易成本理论对于自制-外购决策(make versus buy)和合作-外购决策(ally versus buy)都有很强的解释力度。然而在资产专用性、产量不确定性、技术不确定性和行为不确定性的交易属性中,只有资产专用性和技术不确定性对两种治理选择(自制-外购和合作-外购)的预测是完全同向的,而交易成本经典定义的不确定性至少包括以上三种不确定性维度,因而诸多研究对于不确定性的验证无稳定结论也不足为奇。资产专用性维度在一定程度上反映了企业边界决策的本质,然而诸如不确定性、交易频率、风险偏好和信任等社会情境因素也同时在影响治理模式的选择。因此,对于影响治理模式的非正式治理机制研究的重要性不言而喻。

威廉姆森对此指出,在其比较制度分析中仅仅针对交易成本:既不考虑资产分工专业化导致的收益也不考虑生产成本的节约量,而完整的治理模式选择分析必须考虑以上三种因素(Riordan and Williamson,1985)。并且即使只考虑交易成本作为治理选择的治理成本,也还有产权、合约法、声誉和不确定性四种因素会对最优的治理模式——静态均衡产生影响,而以上四种因素的变化还可能是独立的,生命周期处于成熟阶段的提供商品和服务的组织即是此类。如果再考虑到创新问题(如研发),缩短研发时间而非合约均衡是关注的重点,交易成本理论的解释力度可能就有限了。若以上多个因素会同时发生变化,最优的治理模式问题就更为复杂了。

经济人之间的交易是有治理成本的,各种治理模式促进交易的能力有显著差别。组织治理模式的选择被视为影响监督和行政管理成本的核心机制,具体而言,这些成本包括谈判、签订合同和监督执行合同的成本(Williamson,1975)。尽管交易成本经济学(transaction cost economics,TCE)认为治理模式的选择是确定生产成本和交易成本之和的最小值,但在其应用的过程中往往更强调治理和监督交易相关的成本。由于市场的规模经济和可能的专业分工,企业内部(科层治理)的经济交易存在行政和激励的限制,对于科层治理形式,简单的市场合约能提供更有效和低成本的经济交换治理机制,并且,即使是最复杂的合同也不是完美的,因而该理论认为在某些特定的环境中,市场交换的成本可能显著增加并超过市场所能够提供的技术性效率。即交易参与人的有限理性与机会主义倾向,导致市场合约的不完全性和采用治理机制的必要性(Nelson and Winter, 1982)。因而主要的理论预测是:有区别的匹配(discriminating alignment)治理机制和交易,即简单的交换采用简单的治理模式,复杂的交换采用更为复杂的治理模式。

一方面,偏离与交易属性预测的最优治理模式将导致无效率。因此,当合同保护不能充分应对交换中的威胁时,理论预测激励和协调成本将会上升,而这些成本与以下因素相关:机会主义行为出现的概率(Williamson, 1975, 1985)、潜在的敲竹杠行为(Klein et al., 1978)、测量与监督成本(Barzel, 1982)和不足的协调水平(Alchian and Demsetz, 1972)。

另一方面,采用过多的治理,交易又会被过剩的弱激励和随之而来增加的行政成本所累。TCE 的绝大多数实证研究都考察了影响组织模式的因素,资产专用性、不确定性是两个主要概念。而实证研究都一致且较强地支持交易专用性投资与治理模式的关系。发现资产专用性程度与一体化的正向关联的著名研究包括 Monteverde 和 Teece (1982)关于汽车组装行业中的汽车配件的治理模式研究,Anderson (1985)对电子行业中采用直接销售人员的决策分析,以及 Masten (1984)对航空业的研究。而后 Monteverde(1995)发现产品设计和制造的一体化决策所需投资的专用性与人力资本程度相关。在一项针对杂合(hybrid)治理模式选择的研究中,Oxley(1997)发现联盟中技术合作范围因隐晦的知识特性难以监管会引起高度的"知识泄漏"危险(appropriability),更具层级的联盟治理模式会被采用。

对于不确定性与企业治理决策的关系,实证研究的结论出现了较大分歧(Mahoney,1992;Sutcliffe and Zaheer,1998)。例如,实证研究关注的行为不确定性的一方面——测量的不确定性,研究发现员工生产效率的可测性与纵向一体化程度正相关(John and Weitz,1988)。而对于技术的不确定性,Balakrishnan 和 Wernerfelt(1986)、Harrigan(1986)、Walker 和 Weber(1984,1987)三个研究团队都发现了其与一体化的负相关关系。正如 Sutcliffe 和 Zaheer 于 1998 年指出的,实证研究中出现的矛盾现象可能是由于采用了不同的不确定性定义和测度。例如,行为和测量不确定性是以销售记录的准确率(Anderson,1985)和绩效考核难度(Poppo and Zenger,1998)来操作化定义的。这些不确定性的行为测度通常被用来讨论伙伴绩效的测量成本与最优组织形式的关系。

环境不确定性检验不可预测的突发事件如何对双方的市场合约产生影响。环境不确定性可以通过主观所能感知的需求(Heide and John,1990)、技术(Walker and Weber,1984)和供应商业绩的不可预测性来度量,也可以采用客观测度方法。如 Balakrishnan 和 Wernerfelt(1986)使用厂房和设备的平均使用年限来近似测度技术不确定性;Levy(1985)采用相关产品市场历史的单位需求的总回归平方误差来测量需求的不确定性;Henisz(2000)采用政治的变动数据来推导政治不确定性。

市场变化对于治理模式的影响大多发生在专用性资产合约重新谈判时,因而市场失灵尤其容易出现在高度的资产专业性和不确定性同时出现时。实证研究也一致支持这种交互作用(Walker and Weber,1987;Leiblein and Miller,2003)。

2.1.2 资源基础理论

资源基础理论最早可追溯到 Selznick(1957)提出的组织独特能力。他认为各组织具有与众不同的能力,是因为不同的组织间具有不同的组织成熟度与组织环境,并提到组织领导者具有"建构和维持组织持久竞争优势责任"的观点,这些都揭示了"各企业所具有的资源都是异质性的"。

Penrose(1959)在其所著的《企业成长理论》中,首次以经济理论探讨了企业资源与企业成长的关系,提出企业是资源的集合体,并认为资源和能力是构成企业经济效益的稳固基础,使得该理论不再只是观念上的争论,更具有了经济理论的支持,奠定了资源基础理论的基础。

1984 年,Wernerfelt 在美国《战略管理杂志》上发表了《企业资源观》,认为企业内部的组织能力、资源和知识的积累是解释企业获得超额收益、保持竞争优势的关键,不少的战略管理学者也开始思考资源基础理论是否是一个新的厂商理论。首先将资源基础观以"理论"一词提出的是 Grant,他在 1991 年提出资源基础理论(resource-based theory, RBT)。此外 Conner 等(1991)学者也都认为资源基础理论是集合了战略管理过去 40 年来的研究精髓后的成果。之后出现了一批着重研究企业资源的管理学家和研究成果,形成了企业资源学派。

　　资源基础理论试图集中分析生产中的阻力也有别于新古典理论。生产函数作为所有企业都能获得并且给定的技术输入-产出的转变函数,需要将技术和组织的两个部分有机地融合在一起。因而,生产函数成为部分的内生,企业的"组织技术"——流程将在投入和产出转变的过程中起到重要作用。"组织技术"表明,即使是拥有相似的投入和技术,由于管理的技术和能力企业间也存在显著的绩效差异。这些问题也使得企业经营活动的组合、过去的经验、惯性、学习、路径依赖、知识存量和知识流等成为重要的研究对象。

　　企业经营过程中的购买、销售和各种合同、治理安排尽管非常重要,但不是企业经营的目的。如果类似的产出可以在更低的成本下获得或同等成本下有更好的产出,那么经营过程中有意义的需要对比和权衡的就不仅仅是成本,而是带来相同回报所需的成本。因而,只有了解企业在生产领域显著不同的绩效差异,才能更好理清生产的制度化结构或治理问题(Langlois and Foss,1999)。

　　企业竞争优势来源于某些企业能够以相对更优异的方式进行特定的生产活动,且很难被竞争者在某个时段和成本约束下模仿。这种差异可以解释特定的企业为什么要组织某种活动而非通过市场方式进行交易,使科斯(1993)对于成本的重视与资源基础理论强调的竞争优势在逻辑上统一起来:竞争优势是成本占优(有同样产出)的结果,而成本是获得竞争优势的工具或途径。

　　组织的经济活动有两个基本的问题:一是某种产品为什么通过企业内部治理方式自行生产而非通过市场获取? 二是为什么某种经营活动在特定的某个企业或某些企业而非其他企业进行? 即经济活动是如何分布的。这两个基本问题的区别在于第一个问题是制度层面的,从整体考虑市场和企业的制度问题;而第二个问题只是针对企业的,关注的是具体的企业间差异。

对于边界决策的成本问题,Walker 和 Weber(1984)研究发现生产成本和交易成本共同对企业的自制-外购决策起作用,而不是交易成本一统天下,由此对治理中成本主导性问题的重新审视也逐渐展开。两人在后续研究中(Walker and Weber,1987)发现交易成本因素只是在分析供应商竞争时起作用,而情境依赖的因素更为重要。类似地,Masten 等(1991)发现多数的交易成本刻画的是与市场交换相关联的成本,而自制-外购决策有很大部分都是由内部组织成本的差异来解释的。

科斯(1993)认为边界应该处于治理活动成本最小化的那一点。企业边界关注于治理成本的最小化。企业和市场两种治理模式下的成本变化和其他影响条件改变后,边界会发生变化,产生比较静态条件下的边界扩展或收缩。

威廉姆森(1999)在对比交易成本理论与资源基础理论时指出,两套理论有很多相同之处,如都背离了新古典理论,采用有限理性假定和认为组织是起作用的,并且在解释企业现象方面都以互补的方式出现,因此今后两者的融合和发展将对解释复杂的经济现象起到关键作用。对战略的考虑将从"什么是 X 交易的最优治理模式(市场、杂合和企业)"过渡到"A 企业如何在现有的优、劣势(核心能力、缺陷)条件下组织 X 交易"。

资源的选择和配置能导致企业间的差异的主要原因是要素市场的不完善性,这种不完善性是指关键资源的获取、模仿以及替代的障碍。这些障碍阻止了竞争者获得或复制关键资源的能力,导致了企业间盈利能力的长期差异。当战略要素市场不完善或不完全时,它们创造了阻碍资源流动的边界,以及竞争企业间资源分配的不对称。资源市场的特性形成了资源的特性和资源的盈利潜能。资源的特性包括资源是否是稀缺的、难以模仿的、不可交易的、不可替代的。资源盈利的特性不仅来源于要素市场的不完善,还来源于独特的历史环境和特殊能力的积累。

在以异质性资源为主要投入要素的价值创造活动中,企业的竞争必然会由产品层面的竞争延伸到资源层面的竞争。产品竞争与资源竞争的一个显著区别在于,前者只是在一定时期内决定企业的效益水平和盈利能力,而后者则在相当长的时期内决定着企业的竞争能力和竞争优势。企业资源理论认为企业对生产经营活动的各种投入,根据其所在关系可以分为内部资源和外部资源,这两类资源相辅相成,共同构成了企业资源基础。从根本上讲,企业的持续竞争优势最终取决于企业内外部资源的融合能力,而内部资源属于企业的内生变量相对稳定,因而在很大程度上企业嫁接外部资源的能力显得尤为重要,与其他企业建立合作伙伴关系则成为企业获取外部资源最有效的方式。尤其是当企业进行结构调整或开展多元化经营活动时,通过联盟方式取得异质性资源往往具有更加重要的意义。

巴尼(1999)在研究企业能力如何影响治理决策时也指出,交易成本经济学清晰地展示了治理模式作为一种交易管理机制的特性,简明指出了专用性资产面临的机会主义风险问题,然而企业本身的能力在其研究框架中并不对治理模式的决策起很大作用,原因在于交易成本理论分析的对象是交易本身而不是企业。而企业能力显然会影响治理模式的选择,并且在以下两个条件满足时会对治理模式决策起到至关重要的作用:一是企业很难依靠自身获得某些能力(成本极其昂贵);二是企业很难依靠收购其他企业而达到获取某种能力的目的(成本极其昂贵)。这两个方面都说明资产的某种类型对其最终的治理机制选择有着极其重要的作用。

真正的企业战略理论不仅应该解释关于科层与市场的治理选择决策(生产与交换),并且还应该考虑企业的资源和能力如何最好地配置和开发以获取竞争优势。而在相似交易属性下有如此多不同的组织治理模式,这在某种程度上也说明除了交易属性,企业资源与能力特征也非常重要。

坚持资源基础观的学者认为资源的异质性会影响到交易成本对经济组织的决定性作用,他们指出组织模式是由企业独特的优势和劣势决定的。例如,资源基础理论认为利用有价值的、企业特有的资源会导致以科层制的模式来管理经济交换。这样,具有独特能力的、有价值生产能力的企业更倾向于内部化那些与其独特能力有互补性的活动(Argyres,1996;Barney,1999;Leiblein and Miller,2003;Quinn and Hilmer,1994)。

资源基础理论认为,知识的特性尤其是隐含的知识会影响组织治理模式的选择。(Grant,1996;Kulatiaka,1994;Kogut and Zander,1992,1993,1996;Spender,1996)。知识基础观强调资源的整合难度(Teece,et al.,1997)并提出使用企业而非合资、合约以及其他组织治理模式来提供更好的治理。企业科层制被认为在知识整合与扩散(Conner,1991)和信息处理能力(Gulati and Singh,1998)方面相对其他治理模式更有效率。

现有的研究检验了具有某些特征的资源与组织治理模式的关系,

证实了高度专用的资源和活动通过企业治理更有效。如 Kogut 和 Zander(1993)认为企业在对全资子公司转移复杂知识方面更加有效,且编码成本更低。Almeida 等(2002)证实了跨国公司在转移技术知识时比联盟和市场交易方式都更有效率。

现实中没有哪一家企业能够独自创造出企业持续发展所需的全部资源,因此,通过合作来获取并整合资源已经成为维持企业生存和发展的有效途径,进而使其取得持久竞争优势,而与竞争对手形成合作关系则是重要的手段。但是,当合作成员是处于同一行业的竞争对手时,这种合作便隐含着一对内在矛盾:一方面,相似的业务知识提高了资源整合以及能力转移、吸收的效率,并且更容易通过合理分工获得规模经济优势;但另一方面,竞争性伙伴相互侵占对方专有知识或核心能力的威胁也更加显著,从而使联盟管理变得更为复杂。因此,合作的程度、方式和范围等多种围绕治理的考虑成为平衡知识分享和风险防范的重要手段。

企业要建立联盟,必先具备合作的资本即核心竞争力。企业通过联盟获取的异质性资源和核心能力具有不可流动性、不可模仿性和不可替代性等特点。不可流动性是指当资源从一个企业向另一个企业流动时产生的巨大成本造成的流动困难。不可模仿性和不可替代性是指难以从别处获得相似的资源。资源的不可流动性、不可模仿性和不可替代性是企业可持续竞争优势的来源,同样也是企业建立战略联盟的原因。从企业战略管理的资源学派思想入手,资源能力理论构建起了"价值(value)、稀缺性(rareness)、不可模仿性(inimitability)和组织利用性(organization)"的分析框架,解释了企业拥有的资源和能力的潜在报酬,讨论了企业合作战略中暗中串谋和联盟对企业绩效的贡献,揭示了合作战略的选择权和企业竞争优势的关系。

能力理论提出了动态能力观,所谓"动态能力",是指能够使组织的竞争能力(competence)不断更新换代并维持与变化的环境相协调的能力(capacity)(Teece et al.,1997)。保持动态能力的重要途径便是与对手建立合作关系:一方面,竞争性伙伴能为企业提供重要且直接的信息、新的想法、溢出效应以及技术转化所需的多种资源,从而提高技术创新效率(Allan,2000b);另一方面,与对手结盟为企业提供了一种鞭策自身不断创造新知识、培养核心能力和超越对手的驱动力,而不是仅仅是维持和保护现有竞争优势。

2.1.3 实物期权理论

实物期权的兴起源于学术界和实务界对传统投资评价的净现值技术的质疑。传统的净现值法(NPV),尤其是将期望现金流按照风险调整折现率贴现的净现值法(DCF)应用最为广泛。迈尔斯(Myers,1977)最先指出,当投资对象是高度不确定的项目时,传统净现值理论低估了实际投资。迈尔斯认为不确定下的组织资源投资可以运用金融期权的定价技术。组织资源投资虽然不存在正式的期权合约,但高度不确定下的实物资源投资仍然拥有类似金融期权的特性,这使得金融期权定价技术可能被应用到这个领域。

迈尔斯认为,企业面对不确定做出的初始资源投资不仅给企业直接带来现金流,而且赋予企业对有价值的"增长机会"进一步投资的权利。因为初始投资带来的增长机会是不确定的,传统净现值理论在计算投资价值时忽略了这部分价值。Kogut 和 Kulatilaka(1994)认为企业已经发展出成熟的短期绩效评价工具,如果企业着眼于长期盈利机会,就需要进行平台投资(platform investment)。平台投资可以理解为目前实施部分投资以获得在未来进一步投资的选择权,等待时机成熟时进行全面投资,他们认为期权定价技术可用于量化此类投资。

不确定条件下的初始投资可以视为购买了一个看涨期权,期权拥有者因此拥有了等待未来增长机会的权利。这样,企业就可以在控制下界风险的前提下,利用不确定性获得上界收益。如果"增长机会"没有出现,企业的下界风险仅为初始投资,这部分可以视为沉没成本,可以视为期权的购买成本;如果"增长机会"来临,企业进一步投资,新的投资可以视为期权的执行,期权的执行价格就是企业进一步投资的金额。这样,企业内存在两种不同资产:一是实物资产,其市场价值独立于企业投资战略;二是实物期权,实物期权指在合适时机购买实物资产的机会。迈尔斯明确指出实物期权的价值是基于实物资产的,就像股票期权是基于标的股票一样。

企业的资产会影响组织的治理模式,某些资源能够提供灵活可转换的资产来创造经济价值。如 Kulatilaka 和 Trigeorigis(1994)指出,在产品需求剧烈波动的行业,企业可以通过投资改变产品生产组合的厂房和设备,不过也必须创造其他的转换期权。因此,企业的产品市场多元化战略可能影响企业在内部化和外包生产间的治理选择。一般而言,多元化的公司即使是面临更多的不确定性也可能投资某种流程技术,因为产能可以转换到其他产品市场。同样地,在技术波动性大的行业,当技术在主要的产品市场过时时,多元化的公司也能将其转换为其他用途。他提出未来可以在几个方面整合三个理论来研究企业的边界问题:路径依赖和交互性、能力利用、降低风险(hazard)能力、协调机制、组织形式和绩效。

Mota 和 Castro(2004)通过两个企业间边界动态进化过程的研究,发现企业的纵向边界反映了具体伙伴的特定关系,同时也反映了通过直接或间接方式配置能力而强化的分工和知识整合。Villalonga 和 McGahan(2005)对 1990 年至 2000 年的 9 276 笔已完成交易进行分析,结论支持资源、交易成本、内部化、组织学习、社会嵌入、不对称信息和实物期权理论,并指出这些理论可能的高度相关性和互补性。在技术外包合作中,Vrande 等(2006)整合交易成本和实物期权理论,发现在新业务开发早期,当技术和市场不确定性很高时,公司更倾向于采用可逆且小额投资。当前期研发投资后,不确定性降低,交易成本的考虑成为主导,公司将转为不可逆投资并采用科层结构。并且,技术距离会导致选择科层治理,而高度的外生不确定性倾向于采用较弱的科层治理。这充分说明,当不确定性导致投资机会不能被准确识别时,企业通常会忽略交易成本理论的一体化预测而选择推迟投资,或者采用市场方式来进行交易——保持初始投资在较低水平,为将来投资获得一个期权。这种期权使得企业推迟主要的战略行动,直到不确定性降低、下部风险头寸(downside risk exposure)最小化和投资价值显现,从而获得参与分配未来增长收益的权力(Buckley,1996)。

2.1.4　其他理论

随着联盟治理研究的焦点逐渐转向基于组织之间的社会关系的治理,社会关系理论越来越受到重视。它的主要观点是强调公司的战略行为受到它所嵌入的社会环境的影响(Parkhe,1998;Baker,2002)。Gulati(1999)认为联盟治理的真正挑战在于将合作的协议转化为有效的社会关系。一方面,社会关系网络可以作为一种推荐机制,使得企业相互了解和彼此熟悉,从而产生"基于知识的信任";另一方面,社会关系网络还可以作为一种威慑机制,由于企业担心失去声誉和与伙伴的重复交易关系以及与之相应的其他方的交互关系,进而产生了"基于威慑的信任"。以上两种信任产生机制保证了联盟关系的稳定,较少使用层级治理结构来组织新的联盟。

有早期联盟经历比没有早期联盟经历的企业更可能产生信任,因为重复的联盟产生高度的信任和交互,促进了伙伴之间高度的学习和信息与知识交流。同时,前期合作历史的存在限制了机会主义行为,因此减少了失去核心资产的威胁。而且,具有前期合作历史的联盟伙伴之间,可以通过某种带有暗示性机制的重复交互行为来减少联盟中非合作行为的威胁。因此,基于前期联盟经历的伙伴之间的声誉和信任取代了正式契约的治理模式,这种关系契约不仅有效地阻止了非合作行为的产生,而且降低了治理结构的层级化水平。

可以看出,社会关系理论强调信任和声誉的重要性,认为信任和声誉是正式契约之外的另一个联盟治理机制。社会信任和改进的声誉效果有助于减少交易过程中机会主义行为的动机,而且随着伙伴之间社会信任和声誉效果的增加,企业会倾向于选择契约型联盟治理结构。

随着市场竞争的加剧和外部环境不确定性的提高,越来越多的企业认识到,唯有建立起开放、动态、高效的学习机制,才能更好地应对环境的持续变化。根据组织学习理论,战略联盟是企业开展组织学习的一种有效方式。联盟不仅能够为企业向合作伙伴学习显性知识与技能提供渠道,而且可以通过"干中学"获得合作者的隐性知识与技能,并共同创造出可以共享的新知识、新技能(Doz and Hamel, 1998)。

但是,联盟仅仅提供了学习平台,企业能否充分运用合作伙伴的独特知识,不仅取决于企业在学习平台上能否接触到这些资源,而且在更大程度上取决于向伙伴学习的能力和效率。对组织间学习的研究显示,只有在企业拥有了相关知识和技能的前提下,企业才能更好地获得新的能力(Moingeon and Edmondson,1996)。鉴于在同一业务领域从事经营活动的企业具备相似的知识架构和共通的能力基础,因此,由竞争者组建的联盟更有利于构建成功的组织学习平台(Hamel,1991)。当然,在同一行业中展开竞争,并不妨碍每个企业拥有独特的、难以模仿的技能和专长,所以,对于那些拥有互补性资源和能力的竞争者,他们之间存在着更为可观的相互学习的潜力。

与传统纵向联盟不同的是,在竞争对手组建的学习型联盟中,合作成员需要特别关注的是,企业在学习伙伴拥有的知识的同时,伙伴也在学习和转移企业自身的知识。于是,企业需要认真考虑哪些知识是可以贡献出来与伙伴进行共享的(Soekijad and Andriessen,2003)。那些对自身生存至关重要,而且伙伴能够学习与吸收的知识,一旦被竞争对手获取将直接导致自身的生存危机。正因为如此,组织学习理论把与对手组建学习型联盟视为一场"学习竞赛"(learning race),无论是合作伙伴还是合作模式的选择都是为开展有效学习而服务的,只有以更高的效率获取知识并提升了竞争实力,企业参与联盟才是成功的。

除了上述主要理论对竞争性战略联盟现象提供了理论支撑之外,还有一些理论也能够在一定程度上为这类联盟的出现和治理提供理论参考,如产业组织理论。区别于以上三个理论,产业组织理论主要是从组织外部环境角度对竞争性联盟进行解释。学者们一致认为,行

业竞争环境的持续快速变化是催生竞合策略的重要因素。Zineldin
(1998b,2000)在研究竞合现象时指出,竞合关系的哲学逻辑基础为:
所有产业管理活动的终极目标都是与产业内其他企业,包括直接竞争
对手,建立起互惠共赢的伙伴关系。此外,产业组织理论可以为行业
竞争环境的描述与刻画提供理论依据,例如对行业的竞争强度进行评
价时,可以参照波特的五力模型。

2.2 战略联盟研究现状

目前,国内外学术界有关战略联盟的文献丰富,研究方法也呈多
元化趋势。从最初的联盟动机、利益分配、联盟伙伴间信任与欺诈、运
作或管理模式等课题逐渐过渡到竞合关系研究、联盟不稳定性、合作
效应的成因和治理机制研究;从偏重于联盟关系的理论模型或数量分
析,转而深度考察公司组建的联盟实际案例以形成具有路径依赖的质
化研究成果或采用大样本统计分析方法;近来的研究着眼点仍偏重于
企业技术联盟和合作创新网络等方面,在战略联盟的合作效应和影响
因素分析方面已经取得了丰硕的成果。以下,本书从四个方面来回顾
目前国内外战略联盟研究的现状并分析研究的前沿问题。

2.2.1 战略联盟的一般问题

①企业间竞合和联盟的不稳定性。

源于 Brandenburger 等(1996)专题研究的竞合理论研究成果目前
呈现逐步增加的趋势。Padula 和 Dagnino(2007)认为,竞合观念来源

于一种共识,即在企业间的相互依存关系中,价值创造过程及价值分享过程都会涉及一个部分一致的利益结构。在这个结构中,竞争和合作问题同时存在,并且紧密联系在一起,这就是所谓的竞合。

目前,西方学者仍把研究竞合的重点放在竞合概念内涵的界定及概念模型的开发上,而竞合量表开发及相关的实证研究为数较少。不过,仍有部分研究使竞合概念具有一定的可操作性,并开发了相关的理论模型(Luo et al.,2006;Gnyawali et al.,2006;李健和金占明,2008;徐亮 等,2009),并逐步开展竞合类型(Luo,2005,2007)、伙伴间竞合关系的演化机制(Mariani,2007)和成因研究(Padula,2007;Walley,2007)。

联盟不稳定是指"联盟过程中非计划内的联盟目标、联盟契约和联盟控制方式等方面的变动以及联盟的解体或兼并"(Inkpen,1997)。Yang 等(2008)指出了稳定性的成因,即保持双边关系上的忠诚和信任对联盟关系的稳定有重要作用,并能相应促进联盟的业绩。国内学者主要从交易成本理论、博弈论、资源基础理论、委托代理理论和战略行为理论五个方面进行了相关研究(吴海滨 等,2004;汪锋,2005)。具体而言,相关的不稳定性研究从如下几个方面展开:生产组织模式(蔡继荣 等,2007),学习和能力(任声策 等,2005),治理(江旭 等,2009),双边关系(杨光 等,2009),动态合作博弈(郑士源 等,2009)。

②伙伴关系研究。

伙伴关系决定了联盟的性质,因此在企业战略联盟研究中一直受到高度重视。联盟关系资本有助于提高联盟价值、降低风险(刘益 等,2009),包含信任与承诺两个重要内容(Ring et al.,1994)。信任的作用表现在多个方面,如降低机会主义风险、减少搭便车行为、防止价值流失、促进价值创造（Mellewigt et al.,2009）。企业间关系最为显著的特征可以用"信任"和"机会主义"两个对立的概念来概括。美国克拉克森大学商学院助理教授 Lado 等（2007）指出，信任与机会主义在企业间关系中表现为一种悖论，是企业间交易关系中影响绩效的关键因素。

有关伙伴关系的文献主要涉及两个方面的问题：

一是潜在伙伴网络的性质对联盟形成和伙伴选择的影响，如合作伙伴之间的关系网络的结构。当代理风险较低时，关系嵌入性对于伙伴选择并不重要，而联盟所处的具体场景对伙伴的选择影响更大（Shah et al.,2008），而声誉能够补充关系网络的作用，增强伙伴合作力度（Arend,2009；Meuleman et al.,2010）。因此，伙伴选择的研究方法表现为渐进的复杂化，如从用 AHP 来考察潜在合作伙伴的素质（吴宪华 等,1998），用层次分析法选择合作伙伴（陈菊红,2001），采用可将自然语言的评语转化成用隶属度表示的定量化评价值的模糊评价（陈翔宇 等,2005），到采用建立在自然选择和自然遗传学机理基础上的迭代自适应概率性搜索算法和遗传算法（祁振华 等,2005），从风险防范的角度出发，将企业核心能力、风险承受力、项目柔性等纳入伙伴选择评价过程中的多阶段联盟伙伴选择的程序及方法（徐剑 等,2008）。无论方法如何复杂，归根结底还得从具体的环节来考察，才能获得对具体场景问题的有效解释，如供应链环节研究伙伴关系选择（李辉 等,2008）以及供应链上伙伴关系对信息共享和运营绩效的影响（叶飞 等,2009）。伙伴间的沟通和激励也极其重要（Garwal et al.,2010），伙伴间关系的建立和网络的成功主要依赖于合作经验的累积（Gulati et al.,2010）以及伙伴间感知的公平程度（Arin et al.,2009）。

二是伙伴间的讨价还价能力及其动态性。在现有的文献中,讨价还价能力是伙伴关系的重要观测变量(Lee et al.,1998),这是企业特定资源导致的对联盟利益索取的能力(Eerola et al.,2004)。讨价还价能力是指合作伙伴之间在合作过程中为获得有利的收益或对合作经营的占优控制,通过谈判等形式相互要价的资格和力量。在实践中讨价还价能力难以评估,李忠云等(2005)试图从收益分配比例和决策地位来对其进行刻画,张宗益等(2007)从决策地位和竞争能力予以刻画,随后赵骅等(2007)验证了其影响因素,对指导企业如何在战略竞争合作中提高竞争能力和生存能力具有重要的实际意义。

2.2.2 联盟中的技术合作及知识转移问题

联盟中技术合作是战略联盟的经典问题,而知识转移与技术联盟关系密不可分,包括联盟体内的知识流和联盟伙伴间组织学习机制两个方面。哈默尔于1991年在《战略管理学报》上发表的论文《为能力而竞争和国际战略联盟中伙伴间的学习》(Hamel,1991)称得上是经典之作。该文对9个国际战略联盟进行了详细的考察,推导出了伙伴间相互学习的决定因素,并提出了合作伙伴在学习方面的"熟练"(adept)程度不同会改变伙伴们讨价还价的相对能力;过程比结构对学习结果的影响更大。

随着研究的深入,人们将更多的注意力由模式分析转向机制和绩效分析(Norman,2002;邹艳 等,2009;王栋 等,2009;肖小勇,2009),如知识转移的机制对绩效作用机理究竟如何。Inkpen(2008)在对美国通用和日本丰田的合资企业 MUMMI 的深度案例研究中,指出克服新知识的模糊性和通过"试错"进行学习这两个方面的解释,都能说明系统性知识转移机制的有效作用。企业能够通过在联盟中进行知识管理来提高知识转移绩效(Standing et al.,2008;张睿 等,2009)和开展技术转型(Riccaboni et al.,2009)。Inkpen(2008)指出尽管管理知识性资产极具难度,因为组织的知识很难准确定位和转移,并且是嵌入到组织的结构、流程、程序和惯例之中的,很难将知识从其产生的具体场景之中分离出来;不过联盟企业仍然可以通过积极的管理提高知识转移的效率,通过组织战略的设计和结构调整加快知识分享(黄瑞华等,2008;卢兵 等,2008)。但属性不同的知识转移效果不同,互补性知识转移的目的是通过追求更高的效率来提高双方的现有竞争力,而补充性知识转移是指伙伴双方具有独特的能力和信息,可以增加伙伴的商业活动范围(Buckley et al.,2009)。

2.2.3 联盟网络与合作创新网络问题

联盟网络是 20 世纪 80 年代末国际经济活动中出现的"新星",由一国或几国的几家至几十家公司组成,是战略技术联盟由双边向多边发展的标志,一经出现就在全球经济中迅速成长,使集团竞争成为国际竞争的新特点(Zhang et al., 2006)。有文献认为,网络战略最富有效率,是 21 世纪最具有价值的管理工具(Cooper,2001)。联盟网络问题研究近年来也有了新的发展,总的来说是从联盟网络对公司绩效(Anthony,2007;Koen et al.,2007;Balajir et al.,2008;Pek-Hooi Soh,2010)和治理机制(Lori et al.,2007)两个角度来进行的。

近年来,国内学者也越来越关注联盟网络的问题,从不同的角度对联盟网络问题进行了研究,在研究方法上偏重于实证研究,其中具有代表性的研究包括 R&D 联盟的形成动因(赵红梅 等,2009)、网络联结方式的形成机理(王三义 等,2006)、企业创新能力的水平和信息的可获性对其创新绩效的影响(刘元芳 等,2006)、科技型中小企业联盟网络环境因素与知识创造之间的关系(郝英慧 等,2009)、高技术企业协作 R&D 网络与技术标准联盟的互动机制(周青 等,2006)和技术联盟的区域联盟运行机制和激励机制(司尚奇 等,2009)。

从合作创新网络的国际领域来看,最新研究主要采用的是结构方程模型、层级回归等统计方法,在一定程度上说明目前该领域的研究方法以实证为主。内容上,考察合作网络与产品创新绩效的研究日益增多,与 Kuen-Hung Tsai(2009)的观点是一致的,如尊重、协调、信任、交流的有效性、研发的有效性对创新网络的有效性(Giselle et al.,2009);企业间合作、企业与中介机构的合作、企业与政府机构的合作对创新绩效的影响(Zeng et al.,2010);吸收能力对不同类型合作者的关系与产品创新绩效的影响(Kuen-Hung Tsai,2009)。

在国内,一部分国内学者注重对相对微观领域的研究,比如:从网络环境下合作技术创新风险生成和传导效应机制(苏越良,2005)、企业合作技术创新过程中的界面问题产生的原因及其对信息流动状态的影响(党兴华 等,2006)、不连续性技术创新决策和创新风险控制能力与网络合作能力的关系(姜黎辉 等,2006)等角度进行研究。另一部分国内学者关注相对宏观层面对合作创新网络的影响,比如:韦铁(2006)结合区域技术创新理论,提出构建中国东盟区域技术创新网络的必要性,并从技术创新网络平台、创新制度保障、创新网络组织等方面提出了构建中国东盟区域技术创新网络的设想;于冬等(2007)以企业产品合作创新为主体对国家创新网络系统进行了分析。

2.2.4 联盟绩效问题

联盟绩效是联盟的重要问题,一直以来都是联盟研究的热点问题,近几年的研究对联盟绩效的成因进行了比较独立的分解,如知识获取(龙勇 等,2006;Becerra et al.,2008;焦俊 等,2008;李垣 等,2008)、联盟能力(Schreiner et al.,2009;Heimeriks et al.,2009)、伙伴间关系特征(Luo,2008;Antonci et al.,2008;Walter,2008;Wittmann et al.,2009)、联盟控制方式(苏中锋 等,2007;刘益 等,2007;Tiwana,2008;Natos,2008;刘婷,2009;Hoetker et al.,2009)、企业家导向(史会斌 等,2009)、企业家精神(杨东 等,2008;Osborn,2009)等。也有学者分别从竞争或合作两个角度进行研究,如产品竞争角度(徐爱东 等,2008)和合作角度(徐亮 等,2008;廖成林 等,2008;徐亮 等,2009)。不过,由于联盟活动自身的资源复杂性、外部性和动态性,绩效与风险是交互并存的(龙勇 等,2005),因此,将绩效与风险共同作为联盟的"合作效应"进行研究能够取得较好的成果(龙勇 等,2009;李薇 等,2009)。

事实上,研究联盟绩效的文献也在客观上反映了这个问题。比如,研究者们一般希望通过一些财务指标(luo,2008;Antonci et al.,2008)和其他与绩效有关的指标来衡量战略联盟的绩效(Nakos et al.,2008)。但是,一些绩效指标如联盟突然中止难以度量(Randilunnan,2008)。考虑到联盟动机的多样性,这样的度量也未完整反映真实情况。此外,对绩效的评价标准,也不能与联盟的寿命简单对等(严建援 等,2003)而应以是否达到企业实施联盟的目的来衡量(龙勇 等,2004;Becerra,2008)。

2.3　战略联盟效率边界的研究综述

战略联盟效率边界的研究植根于企业边界,随着中间组织(杂合治理)模式的广泛出现,战略联盟这种新型的组织治理模式受到广泛的重视,因而对联盟的治理研究也成为研究的重点。由于联盟治理是一个非常宽泛的概念,本书用联盟效率边界来特指联盟企业能有效地克服联盟风险,获取潜在竞争优势,所采用的各种治理机制及其组合。联盟效率边界的这种定义能够有效覆盖目前多个流派的研究,将联盟治理问题具体化,精细化。因此,本书对效率边界的研究综述将首先从企业效率边界开始回溯,然后提出联盟治理问题,最后提出联盟效率边界。

2.3.1　企业效率边界和联盟治理研究

威廉·乌奇(Ouchi,1980)首先提出了效率边界这一概念。企业的零件在什么情况下应该从市场上购买? 在什么情况下又应该自己制造? 这些问题都可以归结为企业的"效率边界"问题。他从生产的规模经济、设计技术和资产特点与合同关系适应性的三个方面来划分了效率边界。而后来的学者将概念简化,直接称之为企业边界。

企业边界解决某种具体交易应该如何在市场和企业两种治理模式中进行选择的问题。对于特定交易属性的交易,由于通过市场与组织内部(采用企业治理模式)进行治理活动的成本显著不同,因此产生了企业边界决策的问题。

　　在此基础上,通过比较两种制度下交易成本与生产成本之和,威廉姆森(Williamson,1981)指出了以资产专用性为标准的市场-企业治理分界点,即企业的边界。所有资产专用性大于该点的交易都应该在企业内部进行生产,反之则采用市场治理方式。如图2.1所示,封闭曲线勾勒出了企业的效率边界,其中的三个矩形 S1、S2 和 S3 分别表示生产的三个阶段,圆形 R 代表原材料。如果所需零件从市场上购买,就用三角形 C1-B、C2-B、C3-B 来代表这些零件的供给;如果企业自己生产,就用三角形 C1-O、C2-O、C3-O 来代表;如果企业让市场来分配,就表示为 D-B;如果企业自行销售,就表示为 D-O。将这些内容用方框括起来,用实线表示实际交易,用虚线表示可能发生的交易。这样就可以画出一条封闭的曲线,勾勒出企业的边界;这条曲线包括了企业自行生产的各种行为。核心技术的假定一旦确定,从 S1 到 S3 这三个阶段都将被安排在企业内部,而原材料则需从市场上购买。

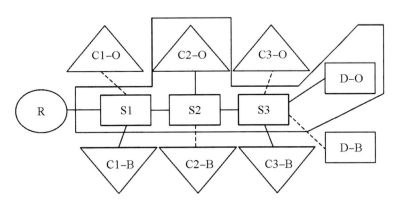

图2.1　企业的效率边界

　　这种静态的效率边界是事后观察到的静态边界,针对某一项具体的交易要如何选择最优的治理模式来进行,这种划分就缺乏解释力度了。因而需要更深入地探讨边界的决策条件,即为什么不同的交易要采用有差别的治理模式,而有差别的治理模式间又如何转换。

效率边界解决某种具体交易应该如何在市场和企业两种治理模式中进行选择的问题。企业作为对内部交易拥有决策和所有权的组织,能够控制、激励和监督管理者行为而采用富有效率的治理模式。对于特定交易属性的交易,通过市场进行治理活动的成本与通过组织内部(采用企业治理模式)进行治理活动的成本显著不同。

科斯(Coase,1993)认为:边界应该处于治理活动成本最小化的那一点。效率边界关注于治理成本的最小化,需要指出的是:这里的治理成本是广义上组织一项交易的所有成本,包括下文将探讨的生产成本和交易成本。如图2.2所示,边界决策因此成为通过对比企业内外,即企业和市场两种治理模式下的成本大小问题,并且随着其他条件的改变,边界还会发生变化,产生比较静态条件下的边界扩展或收缩。

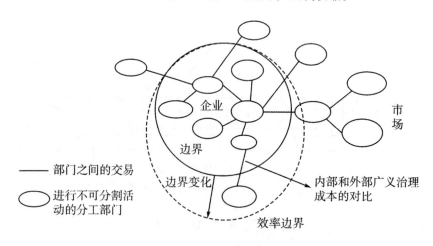

图2.2　企业的边界决策

威廉姆森(Williamson,1985)声称,他早期(Williamson,1975)的想

法是:交易将群集在市场和公司这两端,中间的形式是不稳定的。但他现在越来越相信,在中间范围的交易要更为常见得多,相对跨国公司而言,可供选择来替代内部化交易的治理模式如特许经销、分包、合资企业和卡特尔等被更为普遍地采用。

用于描述相关结构的专有名词也应运而生:非标准商业市场合同、战略联盟、被管理或被组织的市场、网络化、增值伙伴关系和准一体化(半结合)等。如表 2.1 所示,威廉姆森在对比三种治理模式多个维度的特征后认为,相对于市场和科层治理,杂合模式具有中等程度的激励、行政控制力、自制适应性和合作适应性,在所有列举出的特征维度上都趋近"半强"(semi-strong)程度,因而是名副其实的"中间组织"。至此,针对中间组织模式的对比和选择是联盟效率边界的初步研究。

表 2.1 市场、杂合和科层治理结构的显著特征

交易属性	治理模式		
	市场	杂合	科层
激励强度	++	+	0
行政性控制	0	+	++
适应性(自治)	++	+	0
适应性(合作)	0	+	++
合约法	++	+	0

注:"++"="强";"+"="半强";"0"="弱"。

沿用交易成本分析,威廉姆森(Williamson,1991)采用交易的资产专用性维度来探讨企业的效率边界。他认为,当控制程度发生变化时,最优治理模式会沿着曲线发生移动,不同控制程度条件下的特许经营模式所对应的治理成本有显著差异,并且控制程度加强条件下的最优治理模式位于相对靠右的位置。事实上,从这里,威廉姆森已经开始考虑具体中间治理模式下,其他治理机制对治理模式的影响。

如图 2.3 所示,威廉姆森(Williamson,1991)认为,M(k),X(k)和H(k)分别代表资产专用性为 K 的交易在市场、杂合和科层三种治理模式下的治理成本函数,当交易的资产专用性 $K^* < K_1$ 时,采用市场治理模式;当 $K_1 < K^* < K_2$ 时,采用杂合治理模式;当 $K_2 < K^*$ 时,采用科层治理模式。

并且威廉姆森认为,当治理模式下的控制程度发生变化时,最优治理模式会沿着曲线发生移动。如图 2.4 所示,$X_1(k)$ 和 $X_2(k)$ 分别表示弱控制和强控制条件下的特许经营模式所对应的治理成本,控制程度加强条件下的最优治理模式位于相对靠右的位置。并且,他进一步指出,"M"形组织(multidivisional)与"U"形组织(unitary)都位于 K_2 右侧的曲线上,并且由于"M"形组织更具市场类分工,因而相对"U"形组织更靠近 K_2。

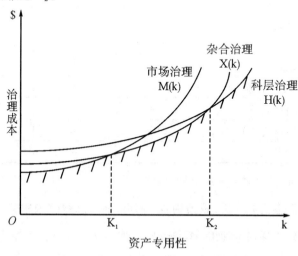

图 2.3　资产专用性与治理成本的关系

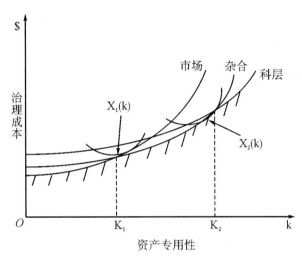

X₁(k): 弱控制的特许经营模式对应的治理成本。
X₂(k): 强控制的特许经营模式对应的治理成本。

图2.4 控制程度影响特许经营模式的治理成本

尽管按照控制力强弱差别把特许经营模式放到了图形之中,但原来最关键的决定性因素——资产专用性此时却缺乏了原有的一一对应关系,以资产专用性为单一维度的图形无法解释为何同样程度的资产专用性交易,在外部控制程度加强时,治理成本就提高了,并且等价于更高资产专用性的交易模式,威廉姆森对此也没有解释。

类似地,Chile 和 McMackin(1996)将交易成本理论的风险中性和信任假设放松,试探性地提出了交易在不同风险偏好下的市场和企业治理选择模型。可以认为这是沿用威廉姆森的风格,将理论分析的重点从正式转向非正式治理机制以及两者相互影响的关系上。

如图2.5所示,风险偏好不同的企业在同等资产专用性条件下也会采用不同的治理模式,如K₂对应的交易在风险规避型企业中已经采用科层治理模式[Mₐ(k)曲线中 K₁<K₂];而在风险中性的企业中处于

市场和科层治理模式的决策点上,意味着市场和科层治理对其没有差异,任选其一皆可[位于 $M_n(k)$ 曲线中 K_2 点处];风险偏好的企业会采用市场治理方式进行该项交易[$M_s(k)$ 曲线中 $K_2<K_3$]。

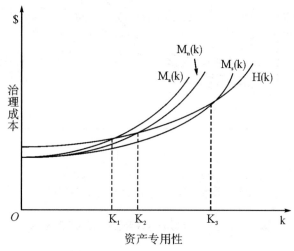

$M_a(k)$: 风险规避型(averse)企业采用市场治理的成本。
$M_n(k)$: 风险中性型(neutral)企业采用市场治理的成本。
$M_s(k)$: 风险偏好型(seeking)企业采用市场治理的成本。

图 2.5   风险偏好程度影响治理模式选择

并且,他们还将信任(trust)引入到模型中来,为治理选择曲线增加了更多的影响因素,如图 2.6 所示,除了受上述风险偏好的影响外,双边关系中信任的程度或质量也会对企业的治理选择产生作用。$M_{t1}(k)$ 和 $M_{t2}(k)$ 分别代表双边关系中信任程度较低和较高时企业采用市场治理的成本,可以发现即使交易的资产专用性相对较高,如 K_2 相对于 K_1,具备信任关系的企业间仍然会采用市场治理模式而非经典理论中预测的科层制。$M_{t2}(k)$ 曲线中资产专用性大于 K_2 时才会考虑采用科层治理,而不具信任的 $M_{t1}(k)$ 在专用性大于 K_1 后就将采用科层治理。

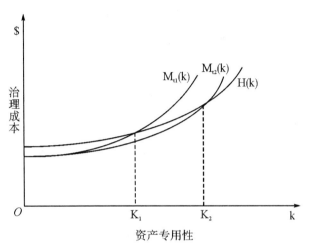

M$_{t1}$(k): 双边关系中缺乏信任企业采用市场治理的成本。
M$_{t2}$(k): 双边关系中具备信任企业采用市场治理的成本 。

图 2.6　信任影响治理模式选择

因而,资产专用性维度在一定程度上能够预测企业的边界决策,然而诸如不确定性、交易频率、风险偏好和信任等社会情境因素(social context)也同时会影响治理模式的选择。

威廉姆森指出,他在其比较制度分析中仅仅针对交易成本:既不考虑由于资产分工专业化导致的收益也不考虑生产成本的节约量。这简化了分析,原因是资产专用性会提高各种治理模式下的交易成本,只要增加的治理成本足以被生产成本的节约量和增加的收益弥补,较高的资产专用性也是能够接受的。

完整的治理模式选择分析必须考虑以上三种因素(Riordan and Williamson, 1985)。并且即使是只考虑交易成本作为治理选择的治理成本时,也还有产权、合约法、声誉和不确定性四种因素会对最优的治理模式——静态均衡产生影响,而以上四种因素的变化可能是独立的,生命周期处于成熟阶段的提供商品和服务的组织即是此类。如果再考虑创新问题如研发时,缩短研发时间而非合约均衡是关注的重点,交易成本理论的解释力度可能就有限了。若以上多个因素同时发生变化,最优的治理模式问题就更为复杂了。因此,在威廉姆森模型基础上建立的关于风险偏好、信任等一系列模型扩展只在考虑交易成本一个因素时是有意义的,而关注完整的企业的治理成本还需要将生产成本的节约量以及新治理模式下带来的收益增加额一并考虑。为此,资源基础理论提供了较好的解决方案。

尽管资源基础理论提出的主要预测是关于企业投资的特定资源属性与竞争优势(业绩)间的关系,对于治理模式的预测如下:在最基本的层面,坚持资源基础理论的学者认为,企业特有优势和劣势决定组织的治理模式,并强调资源的异质性对交易成本决定论的隐含假定有影响。例如,有能力更好利用企业现存过剩资源的企业更倾向于采用企业科层治理的方式进行某项交易活动(Barney, 1999)。具备独有性、价值性生产能力的企业相对不具有该能力的竞争对手更可能内部化某些交易,这些交易具有与该企业特有能力互补的属性(Leiblein and Miller, 2003)。类似地,知识基础观强调整合资源的难度而提出采用企业组织而非合资、合同或其他组织治理模式来提供更好的协调机制(Conner, 1991; Gulati and singh, 1998)。

完整的治理模式理论还应该包括动态评估不确定性对将来的资产价值影响,以做出最优治理选择。因此实物期权理论是完整评估企业边界不可或缺的理论,目前已有多位学者同时采用多种理论来讨论企业边界问题。

Schilling 和 Steensma(2002)首次整合交易成本理论、资源基础观和期权理论,分析由技术的四个维度(独特性、模仿壁垒、商业不确定性、技术动态性)产生的感知机会主义风险与潜在的竞争优势对治理模式的影响,发现技术动态性和壁垒间接通过增加感知的机会主义风险影响治理模式决策,而商业不确定性直接降低并购的概率(相对许可协议治理方式),尽管独特性和模仿壁垒都与潜在竞争优势正相关,潜在竞争优势与治理模式没有直接的关系。

而后,Leiblein 和 Miller(2003)再次验证交易成本、资源基础观和实物期权理论对交易属性、企业能力和产品市场范围等治理模式的影响,验证了交易属性与企业能力对治理的重要影响,并获得初步证据认为实物期权理论可能会影响纵向一体化决策。例如,为了管理不确定性产品或技术需求,一种方案是可以创造一种实物期权,即投资灵活的技术(Kulatiaka, 1994);另一种方案是更多投资员工的教育,使得雇员都有多项技能。相应地,管理需求不确定性的简单、高效的方案是雇用临时工人。Leiblein(2003)在总结交易成本理论、资源基础理论和实物期权理论对企业边界决策和企业绩效的影响时指出,需要整合地考虑三个理论才能真正厘清企业边界问题。

2.3.2　战略联盟治理结构选择

将交易成本经济学用于分析联盟治理问题尽管受到一些质疑(Powell, 1990),但多年来仍然是主流的方法(Williamson, 2001;Sampson,2004;Santoro et al., 2005;Luo,2008)。从 Oxley 在 1997 年采用经典的交易成本理论对研发联盟治理结构选择的研究开始,联盟中资产的知识泄密属性被强调,理论界开始重视知识的类型对于联盟治理结构选择的影响,由此已经与资源基础理论发生联系了。资源基础理论的杰出代表人和倡导者 Barney(1999)在研究企业能力如何影响治理决策时也指出,企业能力显然会影响治理模式的选择,并且在满足以下两个条件时会对治理模式决策起到至关重要的作用:一是企业很难依靠自身获得某些能力(或成本极其昂贵);二是企业很难依靠收购其他企业而达到获取某种能力的目的(或成本极其昂贵)。这两个方面都说明某种类型的资产对企业最终的治理机制选择有着极其重要的作用。

随后,单独用资源基础理论进行企业资源属性对联盟治理的研究逐渐增加(Mitchell et al.,2002;Rothaermel et al.,2008;李薇 等,2009),初步形成以整合交易成本和资源基础理论为核心框架的研究态势(Tiwana,2008;Aggarwal et al.,2009)。

在针对联盟治理结构选择的研究中,Oxley(1997)发现技术合作型联盟涉及的隐晦知识特性会产生难以监管的"知识泄漏"风险,因此更具层级的联盟治理结构会被采用。其研究采用的交易成本分析方法实际上已经开始强调知识类型对于联盟治理结构选择的影响,从而与资源基础理论发生了联系。

Robertson 和 Gatignon(1998)基于交易成本理论,采用 logit 回归模型对多个行业技术联盟进行的研究表明,资产专用性较低、技术不确定性较高、更容易测量创新绩效、成功的技术联盟经验和产品种类竞争较低等多个因素会导致技术联盟模式而非内部化。

Pangarkar 和 Klein(2001)以交易成本理论、逻辑回归方法对美国生物技术行业的 2 407 个联盟的治理结构选择进行研究,发现合作动机为研发和营销的联盟倾向股权联盟。

Oerlemans 和 Meeus（2001）采用交易成本理论、资源基础理论以及多变量逻辑回归方法,对荷兰地区的 689 家制造企业的合作研发活动进行了研究,发现频繁的知识转移和高度的资产专用性会增加合作研发的概率,并且验证了不确定性特征对专用性的调节影响,将资源基础理论变量加入交易成本理论变量中提高了整个模型的解释力度。

Mitchell 等（2002）采用资源基础理论,以逻辑回归方法对全球 227 个联盟的治理模式进行了研究,以纵向和横向治理关系选择为切入点,研究发现产品和研发投入的联盟倾向于横向联盟,市场资源共享联盟倾向于纵向联盟,纵向联盟更倾向于建立强保护机制、产生更强的机会主义风险,横向联盟更倾向于选择更高层次的协调机制。

Colombo（2003）采用交易成本理论、资源基础理论,以二项式和多项式 loit 回归模型,对全世界范围内的 271 个信息技术行业的联盟治理结构选择进行了研究,证明了资源基础理论的观点:伙伴间技术专业化水平差异程度越大越倾向于采用股权式治理结构,整合交易成本和资源基础理论有更好的理论和模型解释力度。

Sampson（2004）从交易成本理论和资源基础理论的角度,采用概率回归模型对 1991—1993 年通信设备行业的 232 个研发联盟的治理结构选择进行研究后发现:伙伴间知识基础有差异和知识转移困难时,更倾向于选择合资,符合交易成本理论;而当知识基础完全不同时,知识泄漏风险大大减少,倾向于选择契约联盟治理结构,此时资源基础理论起作用。

Mota 和 Castro（2004）通过对两个企业间边界动态进化过程的研究,发现企业的纵向边界反映了具体伙伴的特定关系,同时也反映了通过直接或间接方式配置能力而强化的分工和知识整合。

Santoro 和 Mcgill(2005)采用交易成本理论和实物期权理论,以及有序 logit 回归方法,研究了 1995—2000 年的 652 个生物行业联盟的交易属性和不确定性对治理结构选择的影响,发现高水平协调型合作、伙伴不确定性和任务不确定性联盟倾向于选择合资治理方式,技术不确定性联盟倾向于选择非股权型治理。

Villalonga 和 McGahan(2005)对 1990—2000 年的 9 276 笔已完成交易进行分析,结论支持资源、交易成本、内部化、组织学习、社会嵌入、不对称信息和实物期权理论,并指出这些理论可能的高度相关性和互补性。

Vrande 等(2006)整合交易成本理论和实物期权理论,发现技术外包合作中的新业务开发早期,当技术和市场不确定性很高时,公司更倾向采用可逆且小额投资。当前期研发投资结束后,不确定性降低,对交易成本的考虑成为主导,公司将转为不可逆投资并采用科层结构。并且,技术距离会导致选择科层治理,而高度的外生不确定性倾向于采用较弱的科层治理。

Comino 等(2007)结合交易成本理论、资源基础理论和实物期权理论,采用 probit 回归对全世界范围内以制造业为主的多个行业共计 1 344 个联盟的治理结构选择进行了研究,发现研发联盟、竞争性联盟倾向于契约联盟,合作范围大的联盟、国际化联盟倾向合资。

Rothaermeli 和 Boeker(2008)以资源基础理论和逻辑回归方法,对美国高新技术企业(生物和制药业)的 32 332 个联盟进行了研究,分析了动态能力的互补性和相似性对联盟形成和治理的影响。

Teng 和 Das(2008)以资源基础理论和多项式回归分析对美国多行业的 765 个联盟进行了治理结构选择研究,发现合作研发、营销动机和国际型合作联盟倾向选择合资,具有丰富管理经验的联盟倾向非合资的方式。

Garrette 等(2009)基于资源和能力理论,采用 logit 回归方法,分析了法国飞机制造业的 310 个样本,研究了产品异质性和资源能力对治理选择的影响,发现项目资源需求大、自身资源有限、资源匹配和合作能力强倾向于同行合作。

Aggarwal 和 Hsu(2009)基于交易成本理论和资源基础理论,采用 OLS 回归和多项式 logit 回归对美国生物技术创业企业的 1 200 项交易进行研究后发现,知识泄漏的环境和联盟治理能力会影响各种治理模式被采用的频率。

Yang 等(2010)基于社会网络理论和资源基础理论,以 relogit 回归方法对美国计算机行业的 597 项交易进行研究,分析了网络层面因素、双边关系因素和企业层面的因素对企业边界的影响。

总的来说,对于联盟中资产的类型进行各种维度的划分,能够分析具体的资产类型划分出的资产特征对于联盟治理结构的影响。

2.3.3　战略联盟的其他治理机制

(1)随着研究的深入,治理机制的研究也逐渐细化成为三个部分:①正式治理机制研究。

上文讨论的治理结构选择是针对研究中的最重要的正式机制,研究往往分析何种条件和因素会影响联盟治理结构的选择。而另一种正式治理机制——合同治理也逐渐受到重视,学者们采用交易成本理论对影响合同治理的因素进行研究(Reuer,2007;Arino,2008)。

另外,Oxley 等(2004)在对联盟治理结构和范围的研究中,提出了第三种正式治理机制——联盟范围,并指出可以减小联盟范围应对合作研发中的风险。Comino(2007)在后续的研究中肯定了她的基本结论,如竞争性联盟倾向于契约联盟,合作范围大的联盟倾向于合资。Teng 等(2008)也研究了具体范围对治理的影响,如合作研发、营销动机和国际型合作倾向于选择合资方式。然而,现有的范围都采用价值链分类,将价值链包含环节数目的多少作为范围的大小,这并没有反映双边关系中真实的合作水平。江旭等(2009)也在国内首次应用联盟范围概念,并将其与治理结构结合起来研究联盟稳定性问题,不过没有针对联盟范围。而未来相关的研究可能是模块化等课题,如Tiwana(2008a,2008b)在《战略管理学报》同时发表了两篇针对技术模块化的文章,指出了技术模块化对于控制的影响作用,暗示技术模块化可能是比治理结构和范围更好的联盟治理机制,因为它更能够反映双边真实合作水平并有效防止知识泄漏风险。

②非正式治理机制。

公司的关系资本、冲突管理和控制对联盟中学习和关键资产保护有重要作用(Kale et al.,2000)。这种管理控制系统适用于交易具有不确定性和交易环境风险程度高,交易主体具有高信誉、丰富的网络经验、对称的谈判地位和风险分担态度的情形,主要依靠私人关系和密切沟通等非正式的社会治理机制来发挥作用(Meer-Kooistra et al.,2000;Langfield et al.,2003)。苏中锋等(2007)和谢恩等(2009)分别从动机和风险的角度对控制机制关系进行了实证研究,涉及正式控制和关系控制两个方面。

③治理机制的交互关系。

治理机制的交互关系研究中有代表性的相关研究有:Mellewigt 等

（2007）基于 TCE、RBV 和关系理论,采用有序 logit 回归方法对德国 68
个联盟合同复杂度进行了研究,发现信任弱化了控制对合同复杂度的
影响,加强了协调对合同复杂度的影响。类似的实证研究还有分析信
任和程序公正性对联盟治理的影响(Luo,2008)。而案例研究方面有
信任对联盟治理模式的影响(徐亮 等,2009),但该项研究是以案例分
析的形式进行的,形成了治理结构和信任的"U"形关系的结论却缺乏
实证支持。史会斌等(2008)也从概念上讨论了资源的保护和利用对
治理机制的动态选择影响。并且非正式治理机制除了信任,程序公平
性和关系等其他机制仍有很大的研究空白。

（2）近年来国内外对以上三个方面的研究总结如下:

①正式治理机制。

a.合同治理的研究。

合同治理的研究将研究对象从治理结构选择转移到合同治理的
程度,表明正式治理机制中,合同治理是另一个重要的手段,因此联盟
资产的分类对合同治理机制的影响的研究仍然以交易成本理论为主。

Reuer 等(2007)以交易成本理论和 OLS 回归方法对西班牙 88 个
联盟样本的合同复杂度进行了研究,发现资产专用性和时间紧迫性会
提高复杂度,前期的合作经验会降低复杂度。

Arino(2008)基于交易成本理论和动态性理论,采用多元回归方
法,对西班牙 674 家创业企业联盟进行了研究,探讨了规模不同企业
的专用性资产对合同修订的影响。

Mellewigt 等(2007)基于 TCE、RBV 和关系理论,采用有序 logit 回
归方法对德国 68 个联盟合同复杂度进行了研究,发现信任弱化了控
制对合同复杂度的影响,加强了协调对合同复杂度的影响。

b.联盟范围的研究。

从资产带来的利益分配角度,Khanna 等(1998)考察了联盟内的动态学习过程并建立了一个简单的联盟范围模型来描述合作与竞争的关系。对此,尽管 Inkpen(2000)认为采用相对范围、私有利益和公共利益等分析框架可以在概念上解释一些企业在联盟中的学习行为模式,然而却与实际的联盟活动有很大的脱节,即采用的范围概念依赖于合作双方的私有利益和公共利益,这样将本来复杂、多维度的范围概念大大简化,抽象后的模型解释力度就非常有限了。不过,这种对于联盟治理结构之外的治理机制的有益试探为后续的研究打开了新的视角。

Reuer 等(2002)采用线性回归方法对 262 个联盟的治理机制的动态性进行了研究,发现公司独特的联盟经验和轨迹影响合作伙伴关系的事后调整,联盟范围、分工和联盟对母公司的重要程度等交易属性对联盟的动态性有很强的影响。

Oxley 和 Sampson(2004)采用多项式逻辑回归对电子与通信设备行业的 288 个研发联盟的联盟治理结构和联盟范围进行了研究,发现它们采用了治理结构以外的方式——减小联盟范围来应对合作研发中的风险。其还指出,当合作双方直接在产品终端或战略资源市场等方面竞争时,联盟范围的控制是对治理结构保护作用的补充,是另一种视角的联盟治理机制。

联盟范围的研究实际上是对联盟资产的产权以及随之产生的利益分配和合作实质进行的深入研究,因而是治理机制研究不可或缺的对象。并且,现有的联盟范围只是从产业链角度来简单考察其包括的业务种类,今后的研究应该在具体的产业链中的特定业务下挖掘反映真实合作水平的横向范围。

c.模块化研究。

模块化的研究从产业组织研究过渡到企业边界和治理机制的研究,为了解模块化对于企业绩效的影响提出了新的观点。然而从资产的类型来看,能够进行模块化的行业在企业合作中的治理机制是否有所不同,这是一个非常重要的课题和方向。

Tiwana(2008a)基于交易成本理论和知识基础理论,采用 OLS 回归方法对美国 209 个网络外包联盟进行了研究,分析技术模块化对知识分享和联盟绩效的影响,提出模块化能够减少知识分享。

Tiwana(2008b)从联盟控制理论的角度,以 OLS 层级回归方法,对美国的 120 家软件外包联盟进行了研究,指出了技术模块化对于控制的影响作用,暗示技术模块化可能是更好的联盟治理机制。

②非正式治理机制及交互影响研究。

对于非正式治理机制,从关系资本和关系理论等视角进行资产类型的分类,也能够揭示出两者的一些普遍性规律。并且,研究通常还采用将正式和非正式治理机制进行对比研究的方式,从中可以发现特定环境下正式和非正式治理的有趣关系。

Kale 等(2000)从关系理论的角度对制药、电子和通信等多个行业的 212 家联盟做了 OLS 回归分析,发现公司建立的关系资本、冲突管理和控制对于联盟中学习的成功和关键资产的保护有重要作用,强调了非正式治理机制的重要作用。Poppo 和 Zenger(2002)以交易成本理论和三阶段最小二乘法对生物行业的 285 个联盟样本的正式合同和关系治理进行了研究,解释了两者的互补关系。

Meer-Kooistra 和 Vosselman(2000)以及 Langfield-Smith 和 Smith

(2003)认为,除了市场型和科层制管理控制系统以外,组织间还存在以信任为基础的第三种管理控制系统。在这种控制系统中,以直接监督为基础的行为控制基本上不发挥作用,而正式的产出控制则建立在分享私有信息的基础上。这种管理控制系统适用于交易不确定性和交易环境风险程度高,交易主体具有高信誉、丰富的网络经验、对称的谈判地位和风险分担态度的情形,主要依靠私人关系和密切沟通等非正式的社会控制机制来发挥作用。

Luo(2008)以交易成本理论和层级回归方法对中国的198家合资企业进行研究,分析了经济一体化、信任、联合治理和程序公正性对联盟治理和绩效的影响。

Garcia-Cana 等(2008)基于交易成本理论和产权理论,用 logit 回归方法对全世界 2 853 个技术联盟的治理结构选择进行研究,发现技术流使得监督合作和合作收益分配出现困难时,应采用合资方式。

Hoetker 和 Mellewigt(2008)以 TCE、关系治理理论和 OLS 回归方法对德国通信行业的 80 个样本进行了研究,分析了合作资产类型对关系治理程度和正式治理程度的影响,发现产权型合作应该采用正式治理,知识型合作应该采用关系治理。

Dunne 等(2009)以社会资本理论和 logistic 回归方法,对美国生物制药的 249 个联盟的治理结构选择进行了研究,发现专利水平、财务能力和联盟的可信任度会影响联盟治理结构及其控制。

2.4　研究现状综合评价

治理机制涉及复杂的理论问题,众多学者从多个角度分析了治理

机制问题,完善了联盟理论。从本书的研究需要出发,我们对现有相关文献研究有如下几点认识:

第一,虽然对于传统的纵向联盟关系的研究已经取得了丰富的成果,但是对于新兴战略模式——竞争性战略联盟的研究还存在很多不足与空白,无论是在理论基础方面,还是在有价值的研究成果方面,都存在数量不足的局限性。然而,随着竞争的日趋激烈以及企业间相互依赖性的日渐突出,竞争对手间结盟正在成为一种十分重要的战略合作形式,因此,本书拟专门对竞争性战略联盟的相关问题进行探索性研究。虽然本书所研究的竞争性联盟与传统的纵向联盟具有许多区别,但是,现有关于纵向联盟的相关研究,对本书是具有一定参考价值的。

第二,合作的治理机制是所有战略合作普遍关心的问题,尤其是治理会影响到竞争对手间联盟的风险以及绩效的水平。学者们提出了不同的理论观点并确定了许多对治理选择有促进作用的变量,这些变量具有事前和过程的性质(Morgan and Hunt,1994)。评估事前变量对治理的影响作用是重要的,同时研究合作的过程变量并确定它们之间的相互作用机制更为重要(Sarkar et al.,1998)。但是鉴于对过程变量的作用机制的分析较为复杂,因而这方面的研究相对欠缺,成果也比较少。因此,本书在研究变量间的相互作用、探讨效率边界影响因素及其变动机制时,将进行更为深入全面的路径分析,除了识别变量间直接影响之外,还对间接影响路径及影响程度进行评价,从而更为完整地探讨竞争性联盟中效率边界的变动过程。

第三,在研究方法方面,本书将从现有的理论模型出发,建立起基于前面学者研究成果的综合理论模型,并以三维立体图形方式呈现,以确定各种理论背景下影响因素对于联盟治理的作用方向以及影响程度。此外，为了对评价体系中数量较多的变量关系进行综合研究，实证方法也将被采用，以便从总体上讨论效率边界问题。

总之，关于竞争性联盟的效率边界评价与影响因素识别，以及它们之间影响关系的研究，至今仍存在许多理论与方法等方面的不足。所以，本书将针对我国企业之间的竞争合作策略的实践，系统研究竞争性战略联盟的效率边界、边界与其主要影响因素的关系等问题，这些研究无疑是具有理论新意和实践价值的。

2.5 本章小结

本章阐述了竞争性战略联盟的研究现状。首先介绍了各主流学派为竞争性战略联盟提供的理论基础，包括交易成本理论、资源基础理论、实物期权理论和其他理论。学者们已经尝试从多个角度对联盟的治理问题进行了探索性分析，这为本书的研究工作提供了理论参考。

随后，本章主要对战略联盟的研究现状进行回顾，从联盟的一般问题、技术合作及知识转移、联盟网络与合作创新、绩效等多个方面，对国内外竞争性战略联盟领域已经取得的主要研究成果进行了分类综述，虽然存在许多不足，但是这些既有文献成果对本书具有重要的参考价值与支撑作用。

最后，本章依照效率边界概念出现和发展的过程，按时间顺序回溯了联盟效率边界的研究成果，厘清了企业效率边界、联盟治理结构和其他治理机制的发展历程，为更全面地理解效率边界这一复杂的概念打下了坚实的理论基础。

　　总体而言，现有关于竞争性战略联盟的研究在深入性与系统性方面还有所欠缺，尚有很多需要研究的重要问题，本书的研究有助于在一定程度上弥补这些研究的不足。

3 竞争性战略联盟效率边界的模型研究

竞争性战略联盟是指位于相同行业、向市场提供相同或替代产品（服务）的企业所形成的合作关系（Dussauge，2000）。由于同时存在竞争与合作这对矛盾关系，竞争性联盟更具不稳定性。联盟不稳定性是指"联盟过程中非计划内的联盟目标、联盟契约和联盟控制方式等方面的变动以及联盟的解体或兼并"（Inkpen，1997）。Yang 等（2008）指出了稳定性的成因，即保持双边关系上的忠诚和信任对联盟关系的稳定有重要作用，并能相应促进联盟的业绩。国内学者主要从如下几个方面研究联盟的不稳定性：生产组织模式（蔡继荣 等，2007），学习和能力（任声策 等，2005），治理（江旭 等，2009），双边关系（杨光 等，2009），动态合作博弈（郑士源 等，2009）。然而这些研究都没有直接针对竞争性联盟的边界和竞合动态变化问题，揭示出作为独立的中间组织的联盟与市场和企业的边界变动机制。

因此，本书在现有的基础上，通过文献的回溯和论点的验证，从联盟治理机制的角度提出：联盟这种中间组织制度与市场和企业这两种经典的交易组织制度的边界，应该采用交易成本理论和资源基础理论来整合分析；联盟的效率边界包括联盟治理结构和合同复杂度两种维度。并且，不能简单地将两个理论所表示的交易成本和生产成本及某种具体制度下增加的收益简单相加而进行比较制度分析，而应该考虑多种因素的互动和交互作用。

在由竞争对手组建的联盟中,合作成员期望借助伙伴间具有共通的知识基础、相似或互补的资源能力,创造协同效应或者规模效应,以实现提高研发或技术创新效率、分散风险、增强市场进入能力和市场影响力、提升利润水平等绩效。为了保证这些预期绩效得以实现,合作伙伴需要协调合作与竞争这一对矛盾,也就是平衡绩效与风险之间的关系,而体现在效率边界的决定因素上即资源基础理论决定的潜在竞争优势和交易成本分析关注的机会主义风险。下文将针对竞争性联盟中的边界决策分析,寻求联盟治理稳定的条件,即竞争性联盟的效率边界。

3.1 竞争性战略联盟的效率边界——交易成本理论的视角

3.1.1 战略联盟的效率边界、治理结构与治理机制

对于特定属性的交易,通过市场与组织内部(采用企业治理模式)进行治理活动的成本显著不同,由此产生了企业边界决策的问题。威廉·乌奇(Ouchi,1980)首次提出了效率边界这一概念。他指出,企业的零件在什么情况下应该从市场上购买、在什么情况下又应该自己制造这些问题都归结为企业的"效率边界"问题。他从生产的规模经济、资产特点与合同关系适应性、设计的技术三个方面来划分了效率边界。

在此基础上,通过比较两种制度下交易成本与生产成本之和,威廉姆森(Williamson,1981)指出了以资产专用性为标准的市场-企业治理分界点,即企业的边界。所有资产专用性大于该点的交易都应该在企业内部进行生产,反之则采用市场治理方式。威廉姆森在比较了三种治理模式的多个维度特征后认为,相对市场和科层治理,杂合模式具有中等程度的激励、行政控制力、自制适应性和合作适应性,在列举出的所有特征维度上都趋近"半强"程度,因而是名副其实的"中间组织"。由此,单独针对中间组织的治理结构对比和选择是对联盟效率边界的初步研究。

沿用交易成本分析,威廉姆森(Williamson,1991)采用交易的资产专用性维度来探讨了企业的效率边界。他认为,治理模式下的控制程度发生变化时,最优治理模式会沿着曲线发生移动,控制程度不同条件下的特许经营模式所对应的治理成本显著不同,并且控制程度加强条件下的最优治理模式位于相对靠右的位置。事实上,在这里,威廉姆森已经开始考虑具体中间治理模式下,其他治理机制对治理结构的影响了。而联盟效率边界的研究由此细化为联盟治理结构与联盟治理机制的相互关系研究。由于联盟效率边界的概念至少包括治理结构选择(边界)和合作程度选择(规模)两种维度,而资产专用性是解决边界问题和规模问题的关键,因此需要考察专用性和交易成本的关系。

3.1.2　专用性与交易成本的关系

交易成本指的是市场中存在的不确定性风险给交易本身带来的成本。它一方面包括为了避免风险而事前签订协约造成的费用;另一方面还包括败德行为、逆向选择等导致交易最终未能实现而造成的缺货成本，以及卖方利用市场波动索取的超额利润等。市场与企业内部组织之间的区别有以下几点：①市场比内部组织更能有效地产生强大的激励并限制官僚主义的无能；②有时，市场有通盘解决需求的长处，由此实现规模经济或范围经济；③内部组织更易于建立不同的治理手段。因此，当交易的专用性 K<1 时（例如为通用型的交易），市场的强激励机制会通过以下两个方面来展示自己的作用：①它们要求交易双方对生产成本进行严格控制，这是由于双方已经建立起相互信任依赖的双边关系；②它们也使彼此不太容易互相适应。

当 K=0 时，表示交易完全是通用型的，随着 K 值的增大，市场的交易成本迅速增大，而企业的交易成本几乎不变。当 K=1 时，表示整个市场的需求仅仅来自企业本身，由于完全的资产专用性，伙伴间的机会主义等导致市场的交易成本远远高于企业的交易成本。如图 3.1 所示，Cg1 表示交易通过企业自行组织的交易成本，Cg2 表示交易通过市场组织的交易成本，并定义 Cg3=Cg2-Cg1，表示通过企业方式比通过市场方式进行交易的交易成本的节约额。Cg4 是采用战略联盟的中间形式的交易成本，因此 Cg4 介于 Cg1 和 Cg2 之间，并且定义 Cg5=Cg4-Cg1，表示通过企业比通过战略联盟的交易成本的节约额。

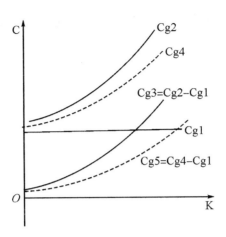

图 3.1　专用性与交易成本的关系

3.2　竞争性战略联盟的效率边界——资源基础理论的视角

3.2.1　资源基础理论与联盟治理

从 Oxley(1997)采用经典的交易成本理论研究联盟治理结构选择开始,联盟中资产的知识泄密属性被强调,理论界开始重视知识的类型对联盟治理结构选择的影响,由此已经与资源基础理论发生联系了。

资源基础理论的杰出代表人和倡导者 Barney(1999)在研究企业能力如何影响治理决策时也指出,企业能力显然会影响治理模式的选择,并且在以下两个条件满足时会对治理模式决策起到至关重要的作用:一是企业很难依靠自身获得某些能力(或成本极其昂贵),二是企业很难依靠收购其他企业而达到获取某种能力的目的(或成本极其昂贵)。

随后,单独用资源基础理论进行企业资源属性对联盟治理影响的研究逐渐增加(Rothaermel et al.,2008),初步形成以整合交易成本和资源基础理论为核心框架的研究态势(Aggarwal et al.,2009)。企业竞争优势来源于某些企业能够以相对更优异的方式进行特定的生产活动,且很难被竞争者在某个时段和成本约束下模仿。这种差异可以解释特定的企业为什么要组织某种活动而非通过市场方式进行交易,而科斯对成本的重视与资源基础理论强调的竞争优势在逻辑上统一了起来:竞争优势是成本占优(有同样产出)的结果,而成本是获得竞争优势的工具或途径。因此,将企业资源特征带来的成本节约和收益增加都折算为生产成本,即可在同一维度(资产专用性)下整合两种重要理论来解释边界治理问题。

3.2.2 专用性与生产成本的关系

交易的专用性与生产成本是密切相关的。K 值越小,表示交易的通用型越强,因此在市场和企业两个地方的生产成本的差异就越大。当交易的专用性 K 接近 0 时(例如为通用型交易),由于市场生产的规模经济或范围经济总是存在的,随着交易量的增加生产成本会不断降低,因此同样的产品在市场中组织生产的成本(Cp2)就低于企业自行生产的成本(Cp1)。而当 K 接近 1 时,表示整个市场的需求仅仅来自企业本身,因此通过市场和企业两种方式进行生产的成本就相同。如图 3.2 所示,Cp1 表示交易通过企业自行组织的生产成本,Cp2 表示交易通过市场组织的生产成本,Cp1 总是大于 Cp2,并定义 Cp3 = Cp1－Cp2,表示通过市场方式比通过企业生产方式进行交易的生产成本的节约额,Cp4 是采用战略联盟形式的生产成本,由其组织的中间属性可知 Cp4 是介于 Cp1 和 Cp2 之间的,并且定义 Cp5 = Cp1－Cp4,表示通过战略联盟进行交易比通过企业进行交易的生产成本节约额。

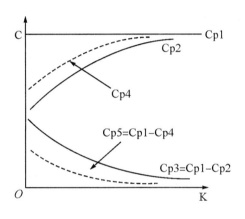

图 3.2 专用性与生产成本的关系

3.3 竞争性战略联盟的效率边界——整合交易成本和资源基础理论的视角

3.3.1 交易成本、生产成本与企业边界

对于边界决策的成本问题,Walker 和 Weber(1984)研究发现生产成本和交易成本共同对企业的自制-外购决策起作用,而不是由交易成本主导。由此对治理中成本主导性问题的重新审视也逐渐展开。

69

两人在后续研究中发现交易成本因素只是在分析供应商竞争时起作用,而情景依赖的因素更为重要。类似地,Masten 等(1991)发现多数的交易成本都刻画的是与市场交换相关联的成本,而自制-外购决策有很大部分都是由内部组织成本的差异来解释的。

科斯(1993)认为:边界应该处于治理活动成本最小化的那一点。企业边界关注于治理成本的最小化。企业和市场两种治理模式下的成本变化和其他影响条件改变后,边界会发生变化,产生比较静态条件下的边界扩展或收缩。Madhok(2002)指出:科斯在将交易成本引入比较制度分析的同时,已经放弃新古典经济学完全将企业视为生产函数的典范。然而,强调交易成本,并认为只要交易成本的节约量大于任何增加的生产成本,企业就将内部化该项交易,科斯实质上将交易成本与生产成本叠加考虑了,交易和生产两个原来分离的维度被整合考虑。威廉姆森基本上也承袭了这种方式,认为组织的治理模式决定于生产成本与交易成本的总和,以一种略带"风格化"(stylized)的方式——假定生产技术不变和外生决定(企业间无差异),来对待生产而专注于交易成本的考察。因此,真正的边界决策必须考虑交易成本和生产成本的差异。

如图 3.3 所示,企业的效率边界(企业-市场边界)是由 Cp3(表示市场比企业节约的生产成本)和 Cg3(表示企业比市场节约的交易成本)的交点 E^* 决定的。它表示在资产最优水平 K^* 既定或最优专用性既定的条件下,企业处于生产成本和交易成本之和的最小点,即 Coase(1993)认为的边界应该处于治理活动成本最小化的那一点。

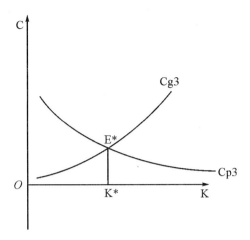

图3.3 企业的效率边界(企业-市场边界)

3.3.2 战略联盟的效率边界

战略联盟是介于市场与企业之间的中间组织,如图3.4所示,一个效率边界(联盟-企业)由 Cp5(Cp5 = Cp1-Cp4)和 Cg5(Cg5 = Cg4-Cg1)的交点 E1 决定,对应的 K 值为 K1,当处于 E1 点左侧位置,Cp5>Cg5,表示联盟节约的生产成本大于企业节约的交易成本,同时,交易的 K 值小于边界的最优 K1,通过将该项交易联盟化,在联盟中进行交易能够使交易的总成本降低(成本的节约增大)。而同理,处于 E1 点右侧位置,Cp5<Cg5,表示联盟节约的生产成本小于企业节约的交易成本,而同时交易的 K 值大于边界对应的最优 K1,通过将该项交易内部化,在企业中进行该项交易能够使交易的总成本降低(成本的节约增大)。因此,E1 点和对应的 K1 成为交易联盟化和内部化的分水岭,决定了联盟和内部化的效率边界,是战略联盟的一个效率边界。

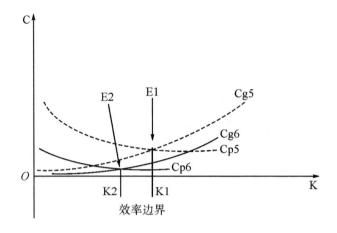

图 3.4　战略联盟的效率边界

同理,如果考虑战略联盟与市场的效率边界,可以通过类似的方法求得在 E1 点左侧的一个交点 E2,(由 Cp6 = Cg6 决定,而 Cp6 = Cp4 - Cp2,表示市场比联盟形式节约的生产成本,Cg6 = Cg2 - Cg4,表示联盟比市场节约的交易成本),对应专用性 K2,而在这个位置对应交易联盟化和内部化的分水岭,决定联盟和市场化的效率边界,是战略联盟的另外一个效率边界。这两个效率边界一起构成了战略联盟的效率边界,效率边界的内部表示采用各种联盟治理机制能够有效治理的合作空间。

3.3.3　战略联盟效率边界的影响因素

如图 3.4 所示,由于两条曲线 Cg5 和 Cp5 的交点确定其中一个效率边界的位置,因此任何影响曲线移动的因素都会对联盟的效率边界产生影响,可以将影响因素归纳为两个大类:非联盟的外生因素(由市场和企业治理的成本来决定)和联盟的内生因素(由联盟治理的成本决定)。同理,曲线 Cp6 和 Cg6 的交点确定另外一个效率边界的位置,因此任何影响曲线移动的因素也都会对联盟的效率边界产生影响。非联盟的外生因素不涉及联盟治理,因此本书以下探讨联盟内生因素对效率边界的影响。

(1)联盟生产成本曲线的移动。

不考虑非联盟外生因素,联盟活动由于双方合作非常有效、技术共享实施到位等,表现(或折算)为生产成本下降,则曲线 Cp4 向下移动,使得 Cp5 向上移动,且 Cp6 向下移动,最终的结果是:左侧的效率边界向左移动,右侧的效率边界向右移动,联盟活动可以在 K 值更低或更高的位置进行,意味着更多类型的交易也可以通过联盟活动来有效进行。同理,当生产成本上升时,那么有效联盟活动将在较小的效率边界的空间中进行。

(2)联盟交易成本曲线的移动。

不考虑非联盟外生因素,联盟活动由于双方的信任加强、签订有保障的合同等,表现为交易成本下降了,则曲线 Cg4 向下移动,使得 Cg5 向下移动,且 Cg6 向上移动,最终的结果是:左侧的效率边界向左移动,右侧的效率边界向右移动,联盟活动可以在 K 值更低或更高的位置进行,意味着更多交易也可以通过联盟活动来有效进行了。同理,当交易成本上升时,有效联盟活动将在较小的效率边界的空间中进行。

(3)两条曲线同时移动。

现实中,生产成本曲线和交易成本曲线的移动并不是孤立的,两者的同时变动增加了效率边界变化的复杂性。例如:通过合资的方式可以增加某些类型交易中双方的技术共享而降低生产成本,并且有效抑制机会主义而降低交易成本,因而同时扩大联盟活动的效率边界。而效率边界的最终确定取决于两个曲线同时变动的结果,因此有多种组合,甚至会表现出生产成本和交易成本的交互作用。总之,通过判别联盟中的具体活动对生产成本曲线和交易成本曲线的影响,可以确定联盟的效率边界的变化。

然而,正如 Madok 指出:两种成本毫无疑问都很重要,资源基础学派和交易成本学派的学者倾向于简单地将生产成本与交易成本相加。这反映出两派学者之间的隔阂,却没有真正地解决问题。由于两者间的共同性和交互性,Coase(1988)认为,挑战和机会将出现在解释两种成本的交互关系上。

3.4　航空联盟的效率边界示例

为了更好地说明效率边界对联盟问题的解释力度,本书以航空联盟为例来具体解释效率边界。航空联盟是指两个或多个航空公司通过代码共享、联合购买等方式进行实质性合作。联盟的主要合作方式包括代码共享、相互利用候机楼设备、联合建立计算机订票系统、签订飞机湿租合同(wet lease) 等非股权联盟和股权联盟。

如图 3.5 所示,根据 Rhoades 和 Lush(1997)按照资源投入程度和治理复杂程度对航空联盟的多项合作业务的经典分类,可以将这些业务类型排列在这个效率边界内。实践证明许多航空联盟都是从代码共享开始的,如中国的三大航空公司和全球许多航空公司都签订了代码共享协议。

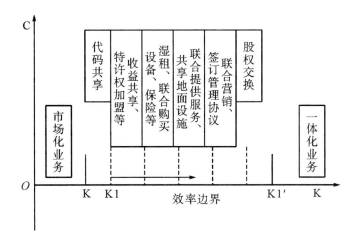

图 3.5 航空联盟的效率边界及其扩展

3.4.1 横向边界变化

澳大利亚澳洲航空公司（以下简称"澳航"）近日在上海宣布，澳航已与中国国际航空公司（以下简称"国航"）正式签署代码共享协议，协议从 2006 年 9 月 15 日起生效。这一协议包括澳航每周往返悉尼与北京的 3 个航班与国航实行代码共享。假定这个航空联盟的效率边界是 K 与 K2 之间的区间，实施的业务类型为代码共享。随着合作深入，双方能够使联盟的生产成本或交易成本降低，那么效率边界将会扩大，由于代码共享已经是最容易发生的业务类型，且 K 左边的业务市场化将会有更低的成本，因此，效率边界的扩大主要反映在向右侧推进，即航空公司会进一步进入收益共享、特许权加盟等业务类型的合作，最后甚至可以达到股权交换等最深入的合作模式，联盟的效率边界就从 K1 位置扩展到 K1′。

75

3.4.2　纵向范围变化

而具体的代码共享合作业务也可以随着合作双方关系的改善而改变,如 2004 年 3 月,厦门航空与台湾复兴航空公司签约"结盟",互相整合两岸航空、海运和地面运输资源,联袂打造"海峡两岸行"联运服务品牌,为往来两岸的台商提供无缝隙中转优质服务。双方携手打造的这一联运服务品牌,是继 1996 年合作推出经过澳门中转台湾的一票到底服务之后,又一项"一票到底、空海陆联运"的创新服务。2008 年 8 月双方又签署免背书机票签转协议,标志着双方继地面代理合作后,在合作层次上的进一步升级,合作密切程度上的加强,表现为代码共享业务的深入。因此,效率边界不仅包括一种治理结构或机制,还应该包括在该种结构或机制下的合作程度,从边界和规模两个维度上体现合作的真实水平。

3.4.3　研究结论

通过战略联盟,企业可以实现资源分享、技术获取、市场进入、规模经济、分担风险和知识学习等目标。因此,20 世纪 90 年代以来,企业之间的联盟合作发展很迅速。主流的边界治理研究已经开始整合交易成本理论和资源基础理论来研究企业边界、联盟治理结构选择等问题,然而,本书通过构建竞争性战略联盟的效率边界并分析其动态性,指出了交易成本理论作为治理选择的首要理论,对于解释交易成本的节约十分有效,而资源基础理论强调的联盟竞争优势,是选择联盟各种治理结构或治理机制以获取生产成本降低或收益提高的重要手段。因此,两个理论能够很好地互补并用来解释联盟的治理问题。

本书运用交易成本理论和资源基础理论,探讨了战略联盟的边界问题,建立了竞争性战略联盟效率边界的分析模型,并应用此模型对航空联盟进行分析,可以得出下列一些主要结论:

①战略联盟拥有两个效率边界:一个是联盟与市场的边界,由联盟与市场的生产成本和交易成本决定;另外一个是联盟与企业的边界,由联盟与企业的生产成本和交易成本决定。

②随着联盟过程的进行,各种治理结构下的交易成本的变化反映在交易成本曲线上,而竞争优势则体现在生产成本曲线上。

③联盟的效率边界是动态的,因受到联盟外和联盟内因素的同时影响而变动。

④航空联盟的效率边界的扩展分析证实了联盟效率边界理论,战略联盟效率边界的提出为解决联盟实际问题提出了新的思路。

3.5 效率边界的多维模型

企业的边界研究已经得到学术界的足够重视,在国际开放经济条件下,学术研究讨论的重点已逐渐从国外企业在我国投资(FDI)扩展到我国企业在国外投资的治理模式选择。"中间组织"和"杂合组织"发展迅猛,以战略联盟、特许经营、技术授权、准一体化等为主要形式的企业发展模式至今未得到清晰的界定,阻碍了学术研究和管理实务的深入。中间组织对经济的重要性和自身的多样性、复杂性使得研究的重点有必要从企业的边界转移到合作的边界,从最具代表的联盟边界问题入手,以多维度的视角来重新审视合作的最优治理问题。

3.5.1 传统的一维模型

中间组织和杂合组织的概念是极其混淆的,特许经营、技术授权、战略联盟、合资、准一体化和技术标准联盟等一系列相关的词汇都被交替使用。而它们之间的真实差异也被认为很难区分。根据《美国传统字典》,"中间"(intermediate)是指处于中间的位置或状态,而"杂合"(hybrid)的定义是混合的血统或复合体。并且,目前的研究普遍以一维视角来关注中间组织形式,最常用的划分是按所有权或合作双方的交互程度将杂合组织和中间组织形式排列在市场与科层之间,如图 3.6 所示。

图 3.6　组织治理模式一维分类

然而这种一维的分类图并不能很好地解释中间组织和杂合组织的区别,而所有权程度、组织间交互程度这两个划分标准也不是唯一的,应视研究需要采用的其他维度如资产专用性等来刻画合作的边界问题。

3.5.2 威廉姆森的一维模型

如图 3.7 所示,威廉姆森(1991)采用交易的资产专用性维度来探

78

讨企业的效率边界。M(k)、X(k)和 H(k)分别代表市场、杂合和科层治理中资产专用性 K 的治理成本函数,当交易的资产专用性 K* <K1时,采用市场治理模式;当 K1<K* <K2 时,采用杂合治理模式;当 K2<K* 时,采用科层治理模式。

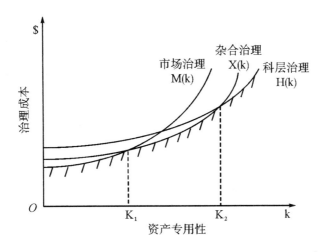

图 3.7 资产专用性与治理成本的关系

并且,当特定治理模式下的控制程度发生变化时,最优治理模式会沿着曲线发生移动,控制程度不同条件下的特许经营模式所对应的治理成本显著不同,并且控制程度加强条件下的最优治理模式位于相对靠右的位置。事实上,在这里,威廉姆森已经开始考虑在具体中间治理模式下其他治理机制对治理模式的影响,即综合考虑效率边界问题了。

3.5.3 Sanchez 的二维模型

Sanchez(2003)通过整合交易成本理论和实物期权理论,提出了一个基于平面的二维模型来区别和预测各种特征的交易,如图 3.8 所示,在专用性产品的市场需求不确定性和资产专用性都较高时,可以采用内部化灵活性资产的方式组织生产,如企业独立的利润中心或子公司等形式,而当市场不确定性降低时,应采用内部化专用性资产的方式组织生产,即企业内部科层组织;而在资产专用性和专用性产品的市场需求不确定性都较低时,应采用准一体化形式组织生产,当市场需求不确定性提高后采用纯市场方式进行交易。在二维平面组织治理模式选择成为一种范围的选择,对应需求面和供给面的两种不确定性,组织的最优治理模式选取是一个范围。

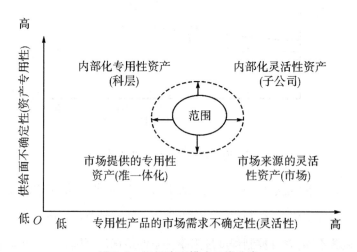

图3.8　组织治理模式二维分类

3.5.4　效率边界的三维模型

二维模型确实使组织治理选择问题得以解决,然而,诸如特许经营、技术标准联盟等组织形式却仍然在图形中无法区分,在 Makadok(2009)和 Meyer(2009)等的研究基础上,本书提出了三维的组织治理模式分类来更好地识别企业间合作的最优治理模式问题。如图3.9

所示,纯科层治理模式(柱体顶面的左上角)具有高度的资产专用性、弱灵活性、高度的资源/能力累积;而完全对应的纯市场治理模式(柱体底面的右下角)具有低水平的资产专用性,高度的灵活性,低水平的资源/能力累积。

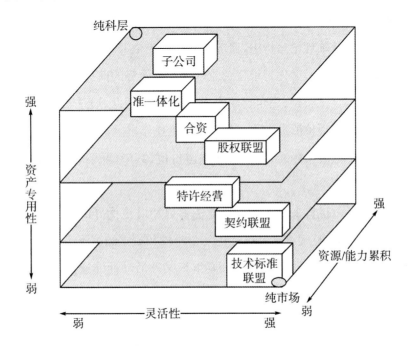

注:纯市场和技术标准联盟位于最底层;

特许经营和契约联盟位于第二层;

准一体化、合资和股权联盟位于第三层;

纯科层和子公司位于最上层。

图 3.9　组织治理模式三维分类

在交易成本理论分析中,经济组织的治理模式选择动机来源于通过最小化交易成本和生产成本获得经济效率,而交易成本来源于两个方面:第一,市场交易中的不完全合约带来的机会主义成本;第二,内部化交易带来的官僚成本。因此在交易成本理论的框架下,成本最小化成为联盟治理最主要的决策标准。

联盟治理决策标准一:最小化交易成本,其中,交易成本 = 机会主义成本 + 官僚成本。

在资源基础理论分析中,通过部分收购或全部收购等方式获取外部资源实现价值最大化是维持企业持久竞争优势的前提,但某些资源无法从外部直接收购,完全自制也不具备条件,因此,通过联盟获取资源或能力以实现价值最大化成为联盟的主要作用。

联盟治理决策标准二:最大化联盟价值,其中,联盟价值 = 收益 - 生产成本。

企业竞争优势来源于某些企业能够以相对更优异的方式进行特定的生产活动,且很难被竞争者在某个时段和成本约束下模仿。这种差异可以解释特定的企业为什么要组织某种活动而非通过市场方式进行交易,而科斯对于成本的重视与资源基础理论强调的竞争优势在逻辑上统一起来:竞争优势是成本占优(有同样产出)的结果,而成本是获得竞争优势的工具或途径。因此,本书将企业资源特征带来的成本节约和收益增加都折算为生产成本的降低。

整合两种理论的联盟最优治理标准三:最大化(联盟价值 - 交易成本),其中,联盟价值 - 交易成本 = 联盟收益 - 生产成本 - 机会主义成本 - 官僚成本。

期权理论(Black and Scholes,1973;Merton,1973,1982;Meyer,1979)认为经济组织通过最优化企业目前的治理结构、产品设计、生产技术和交易成本等各项选择来应对外部环境的不确定性,使企业获得现在的灵活性和未来成长的潜力。当市场需求不确定性以指数分布时,以 Black 和 Scholes(1973)的期权定价模型确定的联盟期权价值为

联盟期权价值 = R1t = 0N(h) - (EP1)e-rta N(h-$\delta\sqrt{ta}$)

R1t = 0 是未来现金流 R1 的估计现值,N(·)是标准正态的累积分布函数,r 是无风险利率,δ 是收入流的 $R1$ 标准误。$EP1$ 是时间为 t 时执行价的期望现值。理性的经济组织会在期望现值 $R1$ 大于 $EP1$ 时采取某种形式的联盟治理。如果外部的不确定性增大,表现为未来的现金流减少而降低了期权价值,并且这时的联盟期权价值包括了联盟价值中的收益部分。

整合三种理论,完整的最优联盟治理条件即联盟效率边界决策条件可表示为

最大化(联盟期权价值-生产成本-机会主义成本-官僚成本)

为了简化问题说明联盟的效率边界,定义一项交易具体的资产专用性程度为 α,企业资源/能力累积程度为 β,企业灵活性程度为 γ,其他影响因素定义为 θ,则在三维的立体图中,定义效率边界为 $G(p)$,它是包含满足 $F5$ 最优化条件下三个维度 $\alpha(p)$、$\beta(p)$、$\gamma(p)$ 的向量,这三个维度下对应的具体数值是 p 的最优联盟治理边界,即效率边界。而定义由其他因素 θ 造成的三种维度的变化方向为

Hi = Sgn[$\partial ai(p)/\partial p$]

=[$\partial ai(p)/\partial p$]/ $|\partial ai(p)/\partial p|$ $\in$ {1, - 1}

符号向量 H 有三个元素 H1、H2 和 H3。

因为,每一种符号元素都只有两种可能的值(1 和-1),因此对于 H 来说共有 2^3 = 8 种可能性,集合 D 包含所有八种可能的值——D $\equiv$ {(i,j,k) $|i,j,k\in$ {1, - 1} } 。任何 $d\in$ D 都是影响效率边界发生变

化的方向向量。

这表示其他影响因素的每种变化都会通过立体图形中的三个维度使得最优治理边界发生 8 种情况的偏移,因而联盟的效率边界的变化是非常复杂的。

3.6　效率边界与影响因素间的概念模型研究

在效率边界所包含的内容方面,已有文献重点关注并把研究焦点集中在了联盟的治理结构选择和合同治理两个方面的正式治理机制上,并且多将这两个方面进行了分割并独立研究。而最新研究开始涉及正式治理机制与非正式治理机制的交互关系,使得联盟治理问题更加复杂和综合。因而,有必要重新定义联盟治理问题,使其具体化、精细化和可操作,为此,本书提出联盟效率边界概念来尝试解决上述问题。

联盟的效率边界,是指战略联盟中能够有效降低风险和获取持久竞争优势的治理机制的组合。由于涉及众多的影响因素,本书仅就正式治理机制的影响因素进行研究,避免涉及过多的理论和因素将问题复杂化,以保证研究结论的清晰。由于现有的文献将联盟治理结构选择作为联盟治理的热点和核心问题,而联盟合同治理也逐渐受到学术界和管理实务界的重视。因此,基于治理结构选择和合同治理的问题研究显得更有相关性和针对性,因此本书首先从联盟的治理结构和合同复杂度考察其影响因素,并指出影响因素作用的内在路径,最后考察了其他正式的治理机制(范围控制和技术模块化)对于联盟治理结构和合同治理的影响作用,指出联盟效率边界实际上是能够有效控制风险和获取持久竞争优势的治理机制的组合。

本书的研究对象是联盟的效率边界,由三维效率边界模型可知,效率边界本身是一个复杂的概念,可以从多个维度来探讨和研究。因此,本书在现有研究的基础上,将联盟治理结构和合同复杂度两者同时作为效率边界的内容,将边界模型的三种理论对应的影响因素作为研究对象,将联盟范围控制和技术模块化作为其他影响因素来研究效率边界的变动规律。因此,本书中将竞争性战略联盟的治理结构与合同复杂度合并,称之为"效率边界"。

在联盟治理结构选择方面,目前学者们已经提出了多种战略联盟结构模式的分类方法(刘益 等,2003),目前多数使用的分类法是合约式联盟和股权式联盟(Teece,1992)。其中合约式结构可以进一步细分为单边合约与双边合约模式,股权式结构可以划分为单边持股、相互持股及合资企业三种类型(Das and Teng, 1999)。按照治理结构的层级水平,学者们对这些常用的合作结构模式进行了排序。Santoro 和 McGill(2005)则专门针对联盟的 5 种常见模式进行了排序,从市场到等级制的联盟结构依次为:许可证(licensing)、交叉许可(cross-licensing)、双边契约联盟(bilateral alliance)、少数股权型联盟(minority equity alliance)和股权合资(equity joint venture)。

在合同治理方面,研究将对象从治理结构选择转移到合同治理的程度或复杂度,这表明在正式治理机制中,合同治理是另一个重要的手段。一般从合同整体影响因素来刻画合同复杂度,如:Joskow(1988)从合同维持的时间期限来刻画合同特征;Mueller 和 Geithman(1991)则从许可协议所限制的领域刻画合同特征;Lafontaine(1992)

从预付费用及特许经营协议的专利费率来研究；Poppo 和 Zenger
（2002）认为应该研究合同的特定条款，而不是依靠复杂合同的整体加
权指标；Jeffrey（2007）全面地探讨了合同复杂性的维度，而后续研究一
般都采用该研究的多种维度，即合同对定期报告所有相关交易的规
定、对及时书面记录违背合作协议事项的规定和签订保密协议等，该
项研究以交易成本理论、OLS 回归方法对西班牙 88 个联盟样本的合
同复杂度进行了研究，发现资产专用性和时间紧迫导致复杂度提高，
前期的合作经验会降低复杂度；Mellewigt 等（2007）以 TCE、RBV 和关
系理论，以有序 logit 回归方法对德国 68 个联盟合同复杂度进行了研
究，发现信任弱化了控制对合同复杂度的影响，加强了协调对合同复
杂度的影响。

3.6.1 效率边界的影响因素模型

效率边界影响因素的研究一般沿用经典的交易成本理论框架，从
交易属性这个维度开始。

（1）交易属性。

威廉姆森（1975）开创了交易属性的相关理论，采用资产专用性、
交易频率和不确定性三重维度，指出了市场与企业之间存在着混合组
织形态及相应的混合治理模式。在这三重维度中，资产专用性扮演了
核心角色，资产专用性能产生"可占用的专用性准租"，并引发机会主
义行为，从而导致交易成本的增加，因此采用科层治理结构更能防范
风险，减少机会主义风险。

他认为，用纵向一体化替代现货市场可以消除或减少各种机会主
义行为，这是因为在纵向一体化的企业组织中，机会主义因受到权威

的监督和长期雇佣关系而弱化。威廉姆森同时还认为,当不确定程度、交易频率和资产专用性三个维度变量处于低水平时,市场则是有效的协调方式。而处于这两者之间的是双边、多边和杂合的中间组织形态,这种组织间关系是相对市场或层级组织的另一种选择,并在经济体中扮演重要的角色。

Geyskens 和 Steenkamp(2006)采用计量文献元分析技术研究了1975 年至 2006 年发表的 200 余篇关于企业边界治理决策的文献,分析发现交易成本理论对于自制-外购决策(make versus buy)和合作-外购决策(ally versus buy)都有很强的解释力度,如表 3.1 所示。

表 3.1　治理模式的选择倾向

交易属性	科层治理	市场治理	关系治理	市场治理
资产专用性增加	+		+	
产量不确定性增加	+			+
技术不确定性增加	+		+	
行为不确定性增加	+			+

注:"+"表示在相对的两种治理模式选择下,交易更倾向采用的模式。

　　然而在资产专用性、产量不确定性、技术不确定性和行为不确定性中,只有资产专用性和技术不确定性对两种治理选择(自制-外购和合作-外购)的预测是完全同向的,而由于交易成本理论中定义的不确定性非常模糊,并且包括至少以上的三种不确定性维度,因而发现诸多研究对于不确定性的验证无稳定结论也不足为奇。因此有必要重新对不确定性维度进行归纳分类,以研究其各自对联盟治理的作用。

　　交易成本理论指出了交易属性产生的机会主义风险,免费的搭便车、窃取核心技术和敲竹杠行为可能随时发生,在竞争对手之间表现得尤其突出,并破坏联盟稳定运转。并且,当联盟在价值链上的位置从研发到生产不断向市场终端接近时,伙伴间的竞争程度会持续增加,这势必会产生更多的摩擦,提高相应的交易成本,使得企业面临较高的联盟风险的威胁。

综上所述,本书首先分析交易属性对联盟治理结构和合同治理的影响。

(2)资源与能力特征。

①资源特征。

在竞争性战略联盟效率边界的内生影响因素方面,本书主要关注合作成员向联盟投入的资源组合特征和成员参与联盟的能力特征。例如合作业务所涉及的资源的不可替代性、渗透性等特点。资源是联盟组建与运行的基本及核心要素,正如资源依赖理论所指出的:每个企业都是一组异质资源的组合,当两企业所拥有的异质资源具有互补性、能够产生协同效应时,联盟便会产生,而且企业随着所拥有的独特资源的异质性水平的提升,结成联盟的机会就会增加,并能够创造出更为显著的"租"(Tsang,1998)。

资源是指与企业紧密结合,较难分离的资产(分为实体性的资源和非实体性的资源)。不同类型的资源相对于资源投入企业具有不同的重要性,正如 Barney 指出的:"不同类型的企业拥有不同的特有资源,其在联盟的形成过程中将产生不同的作用。"而且企业对联盟投入的资源类型决定着企业对战略联盟结构模式的选择偏好(刘益 等,2003)。

此外,Hamel(1991)曾指出,某些公司建立战略联盟的目的,是想通过这一途径来学习其他公司的技术或者是窃取其他公司的稀有资源,因此资源的可模仿性或可转移性将对联盟结构产生影响。鉴于在各种联盟结构中,不管是简单契约还是层级结构安排,都会发生知识转移,只是转移的程度与方式会有所不同,从而资源在可转移方面的属性特征对联盟治理结构的选择也具有决定性作用。

②能力特征。

与传统的双边层次的联盟研究关注单个联盟的结构、契约类型、伙伴匹配程度等不同,联盟能力的研究致力于从参与联盟的企业层次或企业内部来解释企业间通过联盟获得的绩效差异,并且更加专注企业自身的联盟组合(portfolio)绩效的最大化而不是强调单个联盟的租金最大化。

在联盟中,成员参与联盟的时间长短有别,进行联盟活动的管理技术有高低之分。Gulati(1998)认为联盟能力的构成维度因联盟的阶段不同而不同,且有别于联盟网络的管理能力。例如:在形成阶段,需要选择恰当的合作伙伴;在决策阶段,需要进行合适的治理结构和治理机制的设计;在早期联盟管理阶段,需要管理联盟。根据这种逻辑,公司需要一种能力来有效管理和组织每个阶段的任务。因此,伙伴的联盟能力对于其参与联盟的治理结构选择或合同治理程度有显著的影响。现有联盟能力的研究已经分析了诸如联盟惯例、联盟过程和组织结构(专有联盟职能)等组织内部因素的作用,这些企业内部的因素构成了其他企业难以模仿的企业专有能力基础。

现有的联盟能力的定义体现在四个方面:

a.基于知识基础观(knowledge-based view)的学习过程(process)。

Kale(1999)首先提出联盟能力的研究可以通过检验联盟能力发展基础的学习过程与企业联盟绩效之间的关系入手,如果学习过程与绩效呈正相关,则表明联盟能力的存在。在此基础上,Draulans 等 (2003)认为联盟能力就是企业成功管理联盟的能力,它依赖于企业内部对联盟管理知识的积累、储存、整合和扩散。Heimeriks 和 Duysters (2003)进一步提出联盟能力来源于企业内部对知识的传播和整合,即经验内部化过程,而这种特定的学习过程的差异性是造成企业间联盟绩效持续差异的关键因素。

b.基于资源基础观(resource-based view)的机制(mechanism)。

Anand 和 Khanna(2000),Kale 和 Dyer(2002)认为,组织能够获取、整合和传播联盟管理诀窍或惯例的最重要的联盟能力是建立一个独立收集、处理和内部化联盟经验的专门组织机制,这种组织机制也被称为"联盟职能部门"。专有的职能部门可以控制和协调企业内所有联盟相关活动,同时能够以多种途径提升企业从联盟中获取高额利润的能力。Duysters(2002)则定义联盟能力为"企业的一套用来使联盟中的资源利用和资产承诺最优化微观机制"。而 Heimeriks(2002)也认为,联盟能力是一种特别的资源,是能够促进企业甄选伙伴、建立关系和重构联盟及联盟网络能力的微观机制。这种资源使得企业能够有效利用自己所拥有的其他资源,并且这种资源只能内部开发,不能够市场化交易。

c.基于演化经济学(evolutionary economics)的惯例(routine)。

Simonin(1997)认为,单独的联盟经历和经验并不能保证企业在下次联盟合作中获得最大收益,经验首先必须内部化,并被发展为合作的惯例才能有助于企业对未来联盟实施有效管理。合作的惯例是一套特定用于联盟管理的知识和能力,主要包括甄选潜在合作者、协商和签订合作条款、监督和联盟治理、终止合作等。Gulati(1998)提出联盟能力主要包括以下惯例:识别有价值的联盟机会和好的伙伴、利用合适的治理机制、发展企业间知识共享路径、进行必要的专有关系资产投资和及时调整伙伴关系等。Heimeriks(2002)则认为作为高层次的联盟能力主要由伙伴之间的协同、信任和承诺、信息共享和沟通组成。

d.基于动态能力理论(dynamic capability view)的惯例加机制定义。

在 Sanchez 等(1996)和 Kale 等(2002)研究的基础上,Heimeriks 和 Duysters(2003)提出了一个基于动态能力理论的惯例加机制的整合联盟能力及其发展过程的模型。他们认为联盟能力是企业获取、共享、传播和应用联盟管理诀窍和惯例的能力,如果企业开发了联盟能力,那么企业在联盟管理的活动中将有一种稳定和反复的行为模式。这个模型定义的不同之处在于:首先,联盟能力不仅仅单指知识的收集,同样也指使用过去积累的经验和知识的综合能力;其次,作为第一个方面的结果,积累的经验需要与企业的实践和惯例结合,不同的微观机制(如专有联盟职能设置)能够被用来培养企业获取、收集和传播经验的能力并且将这些融入企业的具体行为模式之中,同时这种能力是能观测到的,因为它将表现为一种稳定的可以重复的行为模式;最后,企业的联盟能力很大程度上取决于将经验转化为标准程序和惯例的企业微观机制。

由于联盟能力的复杂性和综合性,现有的理论都从各自的角度对其进行定义,很难有完全的共识,以上各个理论对联盟能力的研究贡献如表3.2所示。

表 3.2　主要理论对联盟能力研究的贡献

理论流派	关键概念	对联盟能力研究的贡献
知识基础理论 Knowledge-based view	知识、知识共享、内部化、知识的进化、变化周期	强调知识的创新、整合和分享以及为此形成的机制
资源基础理论 Resource-based view	因果模糊、隔离机制	强调异质性资源对获得联盟管理的持久竞争优势的必要
演化经济学 Evolutionary economics	惯例、组织记忆	强调通过惯例来利用过去的联盟经验
动态能力理论 Dynamic capability view	资源配置、能力开发、内部机制	强调形成组织流程以开发联盟能力

在对联盟能力的研究中,多个不同理论的概念、术语各不相同,但在研究过程中的实际内容有相当程度的一致:如资源基础理论中的"资源"、核心竞争理论中的"核心竞争力"、知识基础理论中的"知识"、演化经济学中的"惯例"、组织学习理论中的"吸收能力"和动态能力理论中的"能力"。这样,多个理论协同互补和相互支持,全面指出了联盟能力的多重纬度。上述联盟管理能力研究提供了公司管理个体联盟中可能存在的宽泛"技术"概念,这种概念有助于解决联盟的形成和联盟各个阶段的治理问题。

巴尼(1999)在研究企业能力如何影响治理决策时也指出,交易成本经济学清晰地展示了治理模式作为一种交易管理机制的特性,简明指出了专用性资产面临的机会主义风险问题,然而企业本身的能力在其研究的框架中并不对治理模式的决策起很大作用,原因在于交易成本理论分析的对象是交易本身而不是企业。而企业能力显然会影响治理模式的选择,并且在以下两个条件满足时会对治理模式决策起到至关重要的作用:一是企业很难依靠自身获得某些能力(成本极其昂贵);二是企业很难依靠收购其他企业而达到获取某种能力的目的(成本极其昂贵)。这两点都说明资产的某种类型对其最终的治理机制选择有着极其重要的作用。

真正的企业战略理论不仅应该解释关于科层与市场的治理选择决策(生产与交换),并且还应该考虑企业的资源和能力如何配置和开发以获取竞争优势。而在相似交易属性下有如此多不同的组织治理模式,这在某种程度上也说明除了交易属性,企业资源与能力特征也非常重要。

无论是资源特征还是能力特征,都能够为企业的联盟活动带来价值,而价值的差异会使得合作成员调整合作的组织结构和治理模式。可以认为,这些资源特征和能力特征在一定程度上影响了联盟的治理选择和机制安排。因此,非常有必要从双方的交易属性和内部资源与能力特征的视角来讨论联盟影响因素对效率边界的影响。

(3)期权因素。

除了交易属性与联盟的资源与能力特征,诸如市场、技术环境等联盟或企业外部的因素也会影响联盟的治理结构选择和治理机制选择。

①不确定性。

联盟的外生因素,如环境中存在的不确定性对联盟治理也有重要的影响。在不确定性条件下,通过建立松散的契约联盟,企业一方面可以与战略合作伙伴通过契约来确保在合作期内联盟双方战略目标的实现;另一方面,又可以根据战略投资项目的不确定因素的发展变化来灵活选择合作的增加还是减少,即从契约联盟到股权联盟还是终止合作乃至改变不同的合作伙伴。因此,契约联盟具有转换期权的特性和期权的灵活性价值。当某项投资的不确定性较高时,企业通常选择契约联盟来实现其价值。

尤其在信息技术产业,由于信息技术的更新加快,信息技术的供应商与客户通过灵活的契约联盟来确保产品供应,应对市场需求的变化。同样,在战略原料投资和战略市场投资领域,当市场供给或需求的不确定性较高时,企业也往往根据有关市场不确定因素的发展变化选择与战略伙伴建立较灵活的契约联盟,以实现各自的战略目标(陈梅和茅宁,2009)。

综上,本书从技术不确定性和市场不确定性两个方面来刻画外部环境的不确定性。

②期权价值。

联盟对于参与方企业具有的期权价值也是影响联盟治理选择的重要因素。国外有学者从 20 世纪 90 年代即开始应用实物期权的基本思想对联盟治理问题进行相关研究。

Kogut(1991)首次将实物期权的观点应用到战略联盟研究。他认为合资可作为在需求不确定情况下进入新市场的扩张期权。合资价值增长的不可预期的市场信号将会带来合资的继续,而价值的下降并不必然导致合资的放弃,这种不对称的结果证明合资可以实物期权的思想来设计。这主要是根据期权价值的基本内涵确定合资联盟的期权价值的存在。

Folta 和 Leiblein(1994)检验了生物技术产业中权益合资的期权价值。生物技术产业中未来技术的不确定性是非常大的,产业中的大企业一般更倾向于与小企业通过权益联盟合作来获取革新技术。当不确定性得以解决、技术证明是有价值的时候,领头企业会通过收购合资联盟而执行期权,他们同时还提出了契约联盟具有期权价值的观点,并认为:契约联盟关系的持续期越长,不确定性越大,不可预见的相机抉择的可能性就越大,期权因素就越明显。Chi（2000）应用期权模型分析了股权联盟期权价值存在的条件和意义,但此联盟的价值主要体现为期权的杠杆效益以及战略增长期权价值。

在国内,李彤等（2005）应用 Black-Scholes 方法对技术联盟进行了定价,而这本质上是对联盟技术研发投资的期权定价。王惠等（2006）应用实物期权的思想方法分析了动态联盟的合同条款设计,涉及联盟的合同治理问题。国内学者卢丽娟（2008）等分析了动态联盟的期权特性以及退出期权对联盟治理机制的影响。因此,期权价值对于效率边界的影响作用也是本书关注的重点。

综上,本书所采用的影响因素与联盟效率边界关系的概念模型如图 3.10 所示。

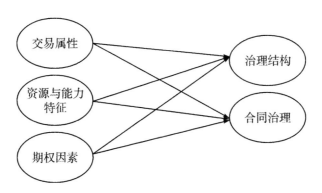

图 3.10 影响因素与联盟效率边界关系的概念模型

3.6.2　效率边界的内生影响路径模型

效率边界的内生影响路径主要从企业间合作的机会主义风险开始考察。

（1）机会主义风险。

竞争性战略联盟中的合作成员是直接的竞争对手,风险潜在的破坏性更为显著,因此联盟管理人员不仅要关注联盟行为能够为企业创造的潜在收益,而且对风险因素尤为关注。

在具体的关系风险方面,已有少数学者进行了探索性研究。除了上述竞争性战略联盟中最为普遍的机会主义风险(包括不完全履约、欺骗、窃取等)之外,还有几种特殊风险也引起了学者和管理人员的注意。Padula 和 Dagnino (2005)指出竞争性战略联盟的本质在于合作成员的利益追求仅仅是部分一致(partially convergent interests)而非完全一致,因此在面对这种同时包含合作与竞争内容的复杂关系时,很容易因不一致的利益追求而出现相互间不协调、不融合的风险,不像纯粹合作范式下的伙伴能够为实现联盟整体的共同目标而齐心协力地工作。

杜尚哲等(2006)以世界范围内的航空和汽车制造行业内的竞争性战略联盟为主要样本,研究了联盟的出现背景、类型以及合作效果方面的问题。在风险方面,他们指出由于更为深入细致的专业化分工,伙伴之间的相互依赖性会日益加重,从而对企业的经营灵活性产生负面影响。

作为联盟中的特殊形式之一,竞争性战略联盟具有某些一般性联盟的特征,例如对于联盟的特有风险——关系风险(刘益 等,2003)。关系风险源于联盟内部,是指合作成员对企业间合作关系不满意,它关注的是伙伴企业对联盟做出不可置信承诺的可能性,以及伙伴实施对联盟前景造成负面影响的机会主义行为的概率(Das and Teng, 1999)。

从机会主义风险角度,交易成本理论预言竞争性联盟的失败率相对更高,这缘于在竞争对手面前保护企业的核心能力和技术诀窍更加困难,合作成员的机会主义行为动机更加强烈,而且这种动机会随着其识别和占有其他成员关键技术和诀窍的能力提高而不断增强,从而伙伴间的信任程度以及合作水平被大大降低。为了避免这种投机行为对联盟带来的不利影响,就必须采取某些必要措施:完备的契约、联盟过程中的监督和控制等,但这些因素都会导致交易成本的增加,当交易成本上升到足以抵消联盟可能带来的收益时,联盟将面临解体(Bengtsson and Kock,2000b)。

综上所述,交易成本理论对机会主义的解释,事实上是针对联盟内关系风险的成因及治理机制等问题展开的,因此需要考虑交易属性、资源与能力特征对联盟机会主义风险的作用,并考察机会主义风险在影响因素与效率边界之间扮演的角色。

(2)潜在竞争优势。

资源基础理论解释了相同行业内企业长期绩效的差异,并指出企业的竞争优势源于其获取异质资源,尤其是基于隐性知识的异质资源的能力。现实中,没有哪一家企业能够独自创造出企业持续发展所需的全部资源,因此,通过合作来获取和整合资源已经成为维持企业生存和发展的有效途径,并且决定了企业的长期绩效。技术资源是很难获取或通过模仿获得的,因而使得能成功获取的企业具备持久的竞争优势和超额经济租金(Dierickx and Cool,1989)。

在以异质性、稀缺性资源为主要投入要素的价值创造活动中,企业的竞争会由产品层面延伸到资源层面乃至能力方面。产品竞争与资源竞争的一个显著区别在于:前者只是在一定时期内决定企业效益水平和盈利能力,而后者则在相当长的时期内决定着企业的竞争能力和竞争优势。企业资源理论认为,企业对生产经营活动的各种投入,根据其所在关系可以分为内部资源和外部资源,这两类资源相辅相成,共同构成了企业资源基础。从根本上讲,企业的持续竞争优势最终取决于企业对内外部资源的融合能力,而内部资源属于企业内生变量相对稳定,在很大程度上企业嫁接外部资源的能力显得尤为重要,因此与其他企业建立合作伙伴关系则成为企业获取外部资源最有效的方式。尤其是当企业进行结构调整或开展多元化经营活动时,通过联盟方式取得异质性资源往往具有更加重要的意义。

战略联盟使企业资源运筹的范围从企业内部扩展到外部,在更大的范围内促进资源的合理配置,从而带来资源的节约并提高其使用效率。由于企业资源在各企业间是不均匀分布的,不同的企业可能拥有完全异质的资源,通过建立联盟可取得互补效应,而同质资源则可共享,从而提高资源的配置效率。

Anand 和 Khanna(2000)、Kale 和 Dyer(2002)认为组织能够获取、整合和传播惯例诀窍或者惯例的最重要的联盟能力是构建了一个用于获取经验的独立的专门组织,也称为"联盟职能部门(alliance function)"。它负责控制和协调企业内所有联盟的相关活动,同时能够以多种路径提升企业从联盟中获取高额利润的能力。Duysters(2003)则定义联盟能力为"一套使联盟资源利用和资产承诺最优化的企业微观机制"。Heimeriks(2004)指出联盟能力是一种异质性资源,是能够促进企业识别伙伴、建立关系或者重组联盟以及联盟网络的能力的微观机制,它不能转移并且能提升企业所拥有的其他资源的潜力。因此,联盟能力也是资源竞争向能力竞争的表现,拥有这种能力的企业在联盟治理方面有更大的优势,因而呈现某种治理方式的选择倾向。因此资源与能力的获取能够使企业具备潜在竞争优势,进而影响效率边界的确定和变动。

综上,本书研究竞争性战略联盟效率边界的内生影响因素的概念模型如图 3.11 所示。

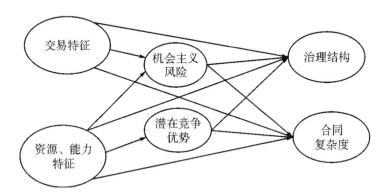

图 3.11　内生影响因素与效率边界的路径模型

3.6.3　效率边界与内生影响因素的交互关系研究

不仅内生影响因素会对效率边界的决定产生影响,还有其他重要的相关变量会同时作用于上述两者。因此,本章进一步讨论这些因素的效果。

(1)联盟范围控制。

联盟范围是一个多维度的复杂概念。Pisano(1989)和 Oxley(1997)分别将联盟范围定义为联盟中包含的技术或职能活动的数目,他们通过实证研究联盟范围与联盟治理的关系,都发现联盟范围的大小与科层治理的程度相关。Khanna(1998)等将联盟范围定义为两个联盟企业之间的私有利益和共同利益的交集,该定义过于抽象不适合进行实证研究。而 Sampson(2004)将联盟范围定义为创新性项目之中包含的新技术程度,刻画了技术合作的深入程度。

Oxley 和 Sampson（2004）将联盟范围分为两种类型：纵向（功能型）范围和横向范围。纵向范围是指联盟企业研发、制造和营销等业务活动的结合程度。一个联盟可能包括这三类活动中的一种或多种，若一个合作仅局限于其中单一的活动，这样的联盟具有相对小的联盟范围，而包含任意两种或者全部三种活动的联盟则被认为具有相对较大的联盟范围。他们通过实证研究发现，联盟纵向范围控制与联盟的治理结构是相互替代的治理机制。与其以往研究结论一致，研发联盟范围更大时（包含更多的业务种类），企业将采用更具保护性的治理机制。反过来，股权联盟也倾向于让合作伙伴参与到多项业务活动中而非单一的"纯"研发活动，即联盟治理结构也影响着联盟范围。参与合作的企业将在竞争威胁下尽量减少合作的范围，尤其是在直接竞争对手之间，因为联盟的治理结构并不能完全有效控制资源和知识的泄露风险。因此，通过联盟纵向范围控制可以降低企业感知的机会主义风险。

作为补充，横向范围与具体项目的规模、复杂性和不确定性有关，是"较为主观且具有挑战性的"。通过横向范围控制，参与合作的企业可以在联盟纵向范围没有发生变化的情况下，减少核心知识暴露，最大程度避免对方的机会主义倾向，且不会因缩减联盟纵向范围给对方带来的负面影响而影响合作。因此，横向范围控制是本书研究所关注的重要治理机制，这也弥补了现有研究多数将联盟范围甚至联盟治理机制作为外生影响因素来考察的不足。实际上正如 1997 年 7 月刊《联盟分析师》指出的：确定联盟范围是联盟伙伴间最为重要的事务之一，参与联盟的企业必须在合作地域、产品类型、客户细分、商标使用、技术、新设实体公司、固定资产比例等多个方面选择恰当的界限，必须详细考察什么活动可能在联盟中进行以及什么活动为母公司所保留。

因此,除了正式的治理结构,企业还可以通过控制联盟范围,限制合作中的资源和知识分享,以弥补正式治理结构的不足。这种控制是完全有必要的,因为即使在最紧密的合资治理中,仍需适时调整联盟范围,才能有效平衡资源、知识的保护和分享。而在契约联盟中,控制联盟范围甚至可能充分减少机会主义风险,进而替代正式合同治理。

具体而言,机会主义风险的控制可以采用两种方式:一是选择恰当的合同复杂度程度;二是控制适度的联盟范围。并且,即使只是针对联盟范围的控制,也既可以通过联盟纵向范围——业务和职能来进行控制,又可以通过横向范围——联盟具体业务的合作程度和规模来实施。通过控制横向范围,可以在合作效果不佳时适当增加合作范围,避免初始即暴露过多的资源和知识给对方,使企业在保持稳定的合作政策下,能灵活、适度调整合作范围而不会使对方明显察觉。

综上,本书关于联盟范围控制对效率边界调节作用的概念模型如图 3.12 所示。

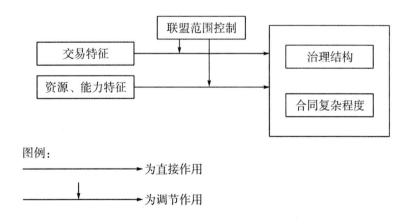

图 3.12　联盟范围控制对效率边界的调节效应研究

（2）技术模块化。

模块化的思想最早体现在 1962 年 Simon 所提出的复杂系统的概念中。他指出："一个复杂的系统是由众多彼此复杂地连接着的部分组成。系统整体大于子系统的简单相加,各个子系统有各自的特征并遵循一定的互动规则。"Karim(2006)指出,任何复杂系统都是由特定子系统相互作用构成的,这些子系统各自都在一定程度上具有交互性和独立性。如果一个复杂系统的组件可以独立设计并能有效组合成整体运行,则该系统具有模块化特性(Parnas, 1972)。传统的计算机行业和汽车制造行业是模块化实施最广泛的行业,软件产品等新技术领域的产品或服务也是由一系列具有特定功能的组件组成的,作为一个完整的系统也可以被分解成一系列功能模块,这些模块之间的相互作用形成了系统的所有功能。

技术模块化的思想在与创新相关的科研项目上更是体现为多个方面和层次的模块化:美国国防采办项目管理办公室根据系统和产品的可分解原理组织系统研制生产活动,按照体系结构将大型项目有逻辑地分解为工作包,将产品的体系结构与其相关的服务有机地组成树状的层次结构,确定包括硬件、软件、服务、资料和设施等组成系统构成要素的模块,并建立起这些模块之间及其与最终产品之间的关系,从而连接不同的技术管理过程获得整合的系统设计(王芳和赵兰香,2009)。

子系统与整体系统之间的关系是技术模块化设计的关键,可以通过两种方式来实施:一是将子系统与整体系统连接的界面标准编码化;二是减少子系统与整体系统的交互依赖性(Sanchez, 1996)。因此,若企业间的技术合作具备以上两种属性,即由合作伙伴开发的子系统与企业自身研制的核心系统之间的界面可标准化、子系统与核心系统的交互依赖性能够降低,则可以将该项技术的研发活动设计为跨企业边界的技术模块化形式在企业间进行。联盟中开发的子系统和企业自身研制的核心系统构成了整个复杂系统,因此本书将技术模块化定义为:通过标准化的界面或规则相联系的各个外包子系统与企业保留的核心系统所组成的复杂技术系统(Langlois,2002)。

利用技术模块化,企业可以不必独立完成复杂产品所有组件的研发,而是通过分解和运用拼组技术将模块重新组合,从而完成新产品的研制生产(尹建华和王兆华,2008)。相关的实证研究也表明,模块化不仅能直接影响企业的短期绩效,还会通过提高企业的门槛能力和重要性能力来提升短期绩效水平,并且还能够通过提高技术创新水平来提升企业的未来性能力进而影响增长绩效(陈建勋 等,2009)。

从模块化演进的过程,可以发现模块化的本质是信息的分块和隔离,正如青木昌彦(2001)所指出的,模块化的历史演进过程呈现出三种不同的主导形式——古典型、丰田型和硅谷型,如表 3.3 所示,这也可以被认为是模块化演进的历程。而划分各种形式的依据是模块之中"信息包裹"的程度,因此信息包裹的重要功能更是体现在分散和降低企业研发风险的内在机制上(陈柳,2006)。

表 3.3　模块化形式的比较

模块形式	研发特征	系统信息	个别信息	模块反馈作用	模块信息包裹
古典型	科层式的事先设计	强	弱	弱	弱
丰田型	互动式的设计改良	中	中	中	中
硅谷型	进化式的系统选择	弱	强	强	强

因而,技术模块化正是有效的隔离机制,用以平衡企业间的知识控制和分享程度,保护了具有知识优势的企业的资源,降低了其对知识泄漏风险的顾虑,有力地促进了技术资源在企业间的转移,提高了技术联盟的绩效。企业能够将技术设计的所有流程分散化,并通过子模块重组完成新技术研发,进而能够扩大研发创新的范围和缩短研发周期(Schilling,2000;Sanchez,1999)。

企业通过技术模块化,将非核心技术的多个模块以联盟方式在外部进行研发,而集中精力进行自主核心技术的开发,能够压缩技术研发周期。更为重要的是,通过技术模块化将核心技术牢牢掌握在企业自己手中,减少了企业间知识分享,使得合作伙伴对自身技术、经营等相关信息"一无所知"。因此,知识密集型的联盟才在真正意义上获得了分享私有知识完成联盟目标和限制知识过分暴露风险两者之间的平衡(Tiwana,2008b)。通过技术模块化,联盟涉及的技术子系统与整体技术系统结合的界面被编码化,联盟间的知识分享被最大程度减少,使得用以限制知识分享和保护资源的复杂合同作用大大降低;并且模块化使联盟涉及的技术子系统与整体系统的交互依赖性降低,企业可以通过以与多家企业建立联盟方式来保证子系统的稳定性,单个联盟的终止或事故不会影响到其他子系统乃至整体系统的运行,因而没有必要采用高监督成本的正式治理方式来规范和监督联盟伙伴间的行为(Tiwana,2008a)。

综上,本书关于技术模块化对效率边界调节作用的概念模型如图 3.13所示。

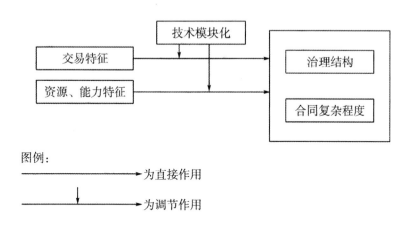

图 3.13 技术模块化对效率边界的调节效应研究

3.7 本章小结

本章首先借助交易成本理论和资源基础理论分析了联盟治理选择问题,借助航空联盟的具体案例进行了效率边界分析,然后通过回溯联盟效率边界相关的治理结构选择和治理机制的概念模型,最终提出了三维的效率边界模型及效率边界变动机制。具体而言,本章着重解决了以下几个问题:

(1)定义了效率边界。

定义一项交易具体的资产专用性程度为 α,企业资源/能力累积程度为 β,企业灵活性程度为 γ,其他影响因素为 θ,则在三维的立体图中,定义联盟的效率边界 $G(p)$,它是包含满足 F5 最优化条件下三个维度 $\alpha(p)$、$\beta(p)$、$\gamma(p)$ 的向量,这三个维度下对应的具体数值是 p 的最优联盟治理边界,即效率边界。

（2）刻画了效率边界的维度结构。

本书在现有研究的基础上，将竞争性战略联盟的联盟治理结构与合同复杂度合并，组成"效率边界"的维度。

（3）提出了效率边界的影响因素。

本章将三维模型中三种理论对应的因素作为默认的影响因素，即交易属性（资产专用性和伙伴不确定性）、资源与能力特征（资源战略性和联盟管理能力）和期权因素（外部不确定性和联盟期权价值）。

（4）指出了效率边界内生影响因素间的路径关系。

本章通过研究机会主义风险和潜在竞争优势对联盟效率边界的影响路径，指出了交易属性和资源与能力特征的影响作用。

（5）提出了效率边界的变动机制。

本章定义由其他因素 θ 造成的三种维度的变化方向：

$$Hi = Sgn\left[\ \partial ai(p)/\partial p\ \right]$$

$$= \left[\ \partial ai(p)/\partial p\ \right]/\left|\ \partial ai(p)/\partial p\ \right| \in \{1, -1\}$$

符号向量 H 有三个元素 H1、H2 和 H3。

因为，每一种符号元素都只有两种可能的值（1 和 -1），因此对于 H 来说共有 $2^3 = 8$ 种可能性，集合 D 包含所有八种可能的值——$D \equiv \{(i,j,k) \mid i,j,k \in \{1, -1\}\}$。任何 $d \in D$ 都是影响效率边界发生变化的方向向量。

其中，本书重点考察了联盟范围控制和技术模块化两种内生影响因素对效率边界的影响，并由此归纳了效率边界的变动机制。

4　研究设计及实证测度

　　效率边界研究的首要问题是弄清竞争性战略联盟效率边界包括哪些方面或内容,即维度结构问题;其次还要研究影响这些维度的内部特征(如交易属性、资源状态和能力特征等)和边界之间的关系,由于涉及的变量数目较多,尤其是涉及潜变量(不可直接测量的变量),因此需要借助实证方法研究变量之间的数量关系。

　　在前文理论研究的基础上,本章及下一章将进一步从实证角度对竞争性战略联盟的效率边界问题进行研究,主要内容包括设计效率边界的评价维度、归纳主要的影响因素。

4.1　实证研究基本思路

　　本书将采用国外社会科学研究领域广泛运用的问卷设计与调查、指标体系构建、探索性因子分析、回归模型分析和结构方程模型(SEM)等一系列实证技术,对相关问题进行实证研究。数据收集主要是通过调查问卷(questionnaire)并配合实地访谈法来实现的,然后用高级统计方法对数据进行分析处理,验证假设并得出一般性结论。其基本做法是首先收集并研究文献、提出研究假设,然后收集相关数据,并对数据进行相关的统计分析,再根据分析结果对所提出的假设做出验证,最后给出研究结论并提出相关建议。具体说来,本书实证研究的内容和技术路线(如图 4.1 所示)包括:

(1)查阅文献,研究分析竞争性联盟有哪些独特的治理机制,包括正式治理机制(治理结构、合同治理、范围治理、模块化)和非正式治理机制(关系治理)等内容;针对正式治理机制中的治理结构和合同治理,识别这两个维度构成的效率边界的主要影响因素;形成效率边界以及影响因素的指标体系。

(2)深度访谈,尽管许多学者从多个理论视角进行了研究,取得的文献成果已经比较充实,然而针对竞争性联盟的治理机制的研究在不少方面还存在研究空白,需要综合性理论模型的指导以形成有价值的联盟治理体系或框架,并指导研究假设、设计合理的调查问卷。因此,有必要实地走访竞争性联盟参与企业,进行深入访谈,获取一手的联盟管理数据。

(3)设计调查问卷,基于文献研究以及对典型企业的实地访谈设计问卷。选取几家企业对设计的问卷进行预测试,经过必要的内容调整后开展小样本收集,利用 SPSS15.0 对小样本进行数据处理与分析,通过探索性因子分析提炼数据,并对数据进行可靠性和有效性分析,形成因子结构以及建议的结构方程模型。

(4)分别采用 SPSS15.0 的多项式逻辑回归模块和一般线性回归模块对影响联盟治理结构和合同复杂度的因素进行分析。

(5)利用大样本数据对建议的结构方程模型进行结构关系分析,把相关数据带入模型,利用 Mplus 5.0 软件进行模型识别与拟合优度检验。经过必要的模型修正并达到拟合优度要求后,得到变量间的直接和间接影响关系路径,进而验证所提出的相关经验假设是否成立。

（6）借助计量经济学的回归方法，考虑联盟范围控制和技术模块化对于联盟治理结构和合同治理稳定性的影响，通过调节效应分析竞争性联盟效率边界的变动机制。

（7）对实证研究的结果进行分析、讨论，得出结论。

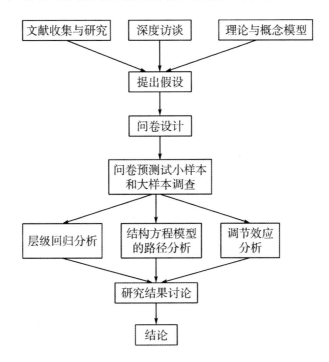

图 4.1　本书实证研究的技术路线

4.2　研究假设的提出

现有关于竞争性联盟效率边界的研究，多是针对治理结构选择和合同治理两个方面的问题进行的，并且都是从某个角度或某种理论来提出治理结构选择或合同治理的影响因素。本书在交易成本理论、资源基础理论和实物期权理论基础上，从效率边界理论发展的历程，综合地研究了影响联盟效率边界的内生因素。

4.2.1 效率边界与影响因素的相关关系研究

本章讨论效率边界与影响因素的相关关系，首要的问题是确定效率边界的内容，其次刻画其影响因素。

（1）效率边界的内容。

①治理结构。

目前学者们已经提出了多种战略联盟治理结构的分类方法。Killing（1988）、Parkhe（1996）等将联盟分为三类：非传统形式的契约、相互参股联盟和股份合资企业。Kent（1991）将联盟分为合资和非合资两类。Ring 和 Ven（1992）将联盟分成了周期性合同和合作合同。Mowery 等（1996）将联盟分为单边契约和双边契约两种形式。Das 和 Teng（1996）在其研究中提到，Dussauge 和 Garrette 按照从市场到等级组织制度的连续性将联盟分成了四种形式：研发协议、无组织的联合制造项目、半组织形式的项目和基于商业的股份合资企业。Das 和 Teng（1998）、Barney（2001）将联盟分为契约、股权和合资三类。Das 和 Teng（2000）将联盟划分为合资企业、少数股权联盟、单边契约联盟以及双边契约联盟四类。

目前大多数关于战略联盟结构的研究使用的分类法是契约联盟和股权联盟（Teece，1992）。其中合约式结构可以进一步细分为单边合约与双边合约，股权式结构可以划分为单边持股、相互持股及合资企业三种类型（Das and Teng，1999；Oxley，1997）。

考虑到本书研究的需要,在研究效率边界的直接影响因素时,采用 Barney(2001)和 Das 和 Teng(1998)将联盟分为契约、股权和合资三类标准,以在多项式逻辑回归模型中更好地比较各种影响因素对三种治理结构的选择偏好。在后面研究间接关系和调节问题时,则采用经典的契约联盟和股权联盟分类标准,将合资纳入股权联盟中,因此,契约联盟包括单边联盟和双边联盟,股权联盟包括其余类型,以构建出 0(契约联盟)和 1(股权联盟)的两种分类变量来研究治理结构选择问题。

②合同复杂度。

合同是重要的联盟治理机制,而合同的属性也有多种分类标准,Joskow(1988)从合同维持的时间期限来刻画合同特征,Mueller 和 Geithman(1991)则从许可协议所限制的领域刻画合同特征;Lafontaine(1992)从预付费用及特许经营协议的专利费率来研究;Poppo 和 Zenger(2002)认为应该研究合同的特定条款,而不是依靠复杂合同的整体加权指标;Jeffrey(2007)全面地探讨了合同复杂性的维度。

目前,采用得较多的合同复杂度设计采用加权平均的方法计算出几种重要的合同特征的取值,这种方法较为精确地反映了合同复杂度,然而极易受权重的影响。因此,本书采用 Ryall 和 Sampson(2003)提出的契约条款,对其依次用数字 1 至 5 进行了量化处理。

(2)影响因素。

①交易属性。

a.资产专用性。

资产专用性是交易成本经济学的核心概念。它是指在资产备择用途的范围内,可选择的使用者在不损失资产生产价值的情况下,能够重新配置资产的程度。资产专用性越高,可重新配置资产的程度越低。资产专用性增加了各类交易和治理模式的交易成本,呈现出明显的"路径依赖"性特征。联盟交易资产专用性越强,需要更复杂的治理模式来防止机会主义风险,联盟过程中尤其是合作研发阶段,需要通过分享复杂、隐含的知识促进创新,技术知识的转移和学习是成功合作的关键因素,并影响联盟治理模式的选择。一方面,股权联盟能够通过创造共同的学习平台促进知识分享,增强共同利益,使得企业间知识分享在趋近层级的联盟中更为有效;另一方面,准科层组织通过联盟日常行政及职能部门的有效控制大大降低专用性资产被窃取的风险。

综上所述,交易的资产专用性会影响联盟效率边界的变化。因此,本书采用 Anderson 和 Weitz(1992)的量表,通过投入的专用性人员、专用性资产、终止合作后投入资源的重新配置难度和解散合作后原投入资源可收回程度四项刻画具体某项联盟的资产专用性。

b.不确定性。

Geyskens 和 Steenkamp(2006)采用计量文献元分析技术研究了1975 年至 2006 年发表的 200 余篇关于企业边界治理决策的文献,分析发现交易成本理论对于自制-外购决策(make versus buy)和合作-外购决策(ally versus buy)都有很强的解释力度,如表 4.1 所示。

表 4.1　治理模式的选择倾向

交易属性	科层治理	市场治理	关系治理	市场治理
资产专用性增加	+		+	
产量不确定性增加	+			+
技术不确定性增加	+		+	
行为不确定性增加	+			+

注:"+"表示在相对的两种治理模式下,交易更倾向于采用的模式。

然而在资产专用性、产量不确定性、技术不确定性和行为不确定性中,只有资产专用性和技术不确定性对两种治理选择(自制-外购和合作-外购)的预测是完全同向的,而由于交易成本理论定义的不确定性非常模糊,并且包括至少以上三种不确定性维度,发现诸多研究对于不确定性的验证无稳定结论也不足为奇。

因此,不能采用笼统的不确定性来反映交易属性中期望测度的不确定性变量,本书根据研究需要采用 Hongmin cheng(2003)的量表,通过评价在合作中伙伴投入的难易程度和合作中投入资源被对方另做他用的可能程度两项指标刻画伙伴间不确定性。并且,以新的变量反映原有不确定性的其他子维度,以更好地反映问题的实质。

②资源与能力特征。

a.资源特征。

资源是指那些与企业紧密结合,较难分离的资产(分为实体性的资源和非实体性的资源)。首先,向联盟投入的资源的战略价值较高、在企业发展过程中具有显著的不可替代性时,企业往往倾向于选择能够有效控制资源流向的联盟结构,以防止核心资源的流失。其次,正如 Hamel (1991)曾指出的,"某些公司建立战略联盟的目的,是想通过这一途径来学习其他公司的技术或者是窃取其他公司的稀有资源",而在各种联盟结构中,不管是简单契约还是层级结构安排,都会发生知识转移,只是转移的程度与方式会有所不同,因此资源的可模仿性或可转移性对联盟结构选择以及最终效果具有决定性作用。最后,资源在不同业务之间的渗透性也是资源特征中不可忽视的内容,渗透性越强意味着合作企业之间越可能在后期形成错综复杂的相互依赖关系,从而合作成员之间可能会选择层级特征较为显著的结构模式(迈克尔·Y.吉野 等,2007)。

综上,本书的实证研究采用资源的价值性、稀有性、不可模仿性、组织可利用性(Das and Teng, 2000)以及资源渗透性(迈克尔·Y.吉野 等,2007)对联盟的资源特征进行了刻画。

b.能力特征。

能力特征主要涉及企业的联盟管理能力。首先,由于合作中的协调问题不可能完全在事前解决,联盟管理者需要有适当的互动过程管理能力来处理联盟之后阶段的合作,协调联盟的活动贯穿整个联盟过程(Kumar and Nti, 1998)。并且由于治理结构的分散以及合作伙伴之间的认知和文化差距,联盟存在的协调问题就更为重要。Luo(2006)认为公司需要建立正式和非正式的程序、规则和政策去引导合作伙伴并创造一个适当的框架进行交流合作。因此,协调相关的专门知识和技能是联盟管理活动的重要内容。

其次,联盟中专有信息的不对称增大了信息共享和沟通的难度。这虽然可以防止对方获得自身的专有知识,建立共同的规则,并有效地建立共同的工作模式和减少冲突,但不恰当的沟通会导致不确定性和特定的联盟价值带来的机遇难以评估。因此,联盟管理同样需要横向的沟通技能,以根据不断变化的条件,对联盟协议进行重新谈判,以维持联盟长期的稳定性。

最后,研究表明个体关系同样会影响联盟的组建和治理,个人关系和个体之间的凝聚力是建立信任和彼此交流的重要因素,其建立起来的心理契约有利于维持长期合作,发展合作伙伴之间的信任关系并促进它们之间的知识共享,可以减弱联盟内外的不利影响。并且,有效的人际关系可以解决冲突,特别是面对不断变化的环境时(Folta,

1998）。因此,凝聚力是管理联盟重要的能力。

综上所述,本书采用 Scahreiner 和 Kale（2009）的联盟能力概念,从协调能力、沟通能力和凝聚力三个方面来刻画了联盟管理能力。

③期权因素。

a.外部不确定性。

联盟的外生因素,如环境中存在的不确定性对联盟治理也有重要的影响。在不确定性条件下,通过建立松散的契约联盟,企业一方面可以与战略合作伙伴通过契约来确保在合作期内联盟双方战略目标的实现;另一方面又可以根据战略投资项目的不确定因素的发展变化来灵活选择合作程度的增加还是减少,即从契约联盟到股权联盟,还是终止合作乃至改变不同的合作伙伴。因此,契约联盟具有转换期权的特性和期权的灵活性价值。当某项投资的不确定性较高时,企业通常选择契约联盟来实现其价值。

尤其在信息技术产业,由于信息技术的更新加快,信息技术的供应商与客户会通过灵活的契约联盟来确保产品供应,以应对市场需求的变化。同样,在战略原料投资和战略市场投资领域,当市场供给或需求的不确定性较高时,企业也往往会根据市场不确定因素的发展变化选择与战略伙伴建立较灵活的契约联盟,以实现各自的战略目标（陈梅和茅宁,2009）。

综上,本书从技术不确定性和市场不确定性两个方面来刻画了外部环境的不确定性。

b.期权价值。

国外有学者从 20 世纪 90 年代即开始应用实物期权基本思想对联盟治理问题做了相关研究。Kogut（1991）首先将实物期权的观点应用到了战略联盟研究。他认为合资可作为在需求不确定情况下进入新市场的扩张期权。合资价值增长的不可预期的市场信号将会带来合资的继续,而价值的下降并不必然导致合资的放弃,这种不对称的结果证明合资可以用实物期权的思想来设计。这主要是因为期权价值的基本内涵确定了合资联盟的期权价值的存在。Folta 和 Leiblein (1994)检验了生物技术产业中权益合资的期权价值。生物技术产业中未来技术的不确定性是非常大的,产业中的大企业一般更倾向于与小企业通过权益联盟合作来获取革新技术。当不确定性得以解决、技术被证明是有价值的时候,领头企业会通过收购合资联盟而执行期权,他们同时还提出了契约联盟具有期权价值的观点,并认为:契约联盟关系的持续期越长,不确定性越大,不可预见的相机抉择的可能性就越大,期权因素就越明显。Chi(2000)应用期权模型分析了股权联盟期权价值存在的条件和意义,但此联盟的价值主要体现的是期权的杠杆效益以及战略增长期权价值。

国内学者卢丽娟(2008)等分析了动态联盟的期权特性以及退出期权对联盟控制机制的影响。王惠等(2006)应用实物期权的思想方法分析了动态联盟的合同条款设计。李彤等(2005)应用 Black-Scholes 方法对技术联盟进行了定价,而这本质上是对联盟技术研发投资的期权定价。

本书借鉴 Kogut(1991)的思想,认为竞争性战略联盟的短期绩效是联盟治理结构决策的一种市场信号,具有看涨期权价值,能够在一定程度上预测联盟治理结构的选择,其评价指标体系主要体现为短期的经济绩效指标,故选取了盈利水平(李忠云,2005)、利润水平、市场份额(Dussauge et al.,2004)这三个观测指标进行测量。

④机会主义风险。

联盟中存在众多的不协调性因素(风险),管理大师彼得·德鲁克因此认为联盟是"从不协调中创造协调"的最灵活的手段。联盟的风险一般被划分为关系风险和绩效风险(Das and Teng,1999;刘益 等,2003)。其中关系风险是联盟内部特有的风险,指企业间合作关系的缺陷,它强调合作伙伴对联盟做出的不可置信承诺,以及伙伴实施对联盟前景造成负面影响的行为。

因为竞争对手具有相似的知识背景和行业从业经验,在对手面前保护企业自身的核心能力和技术诀窍更加困难,所以合作成员的机会主义行为动机更加强烈,而且这种动机会随着其识别和占有其他成员关键技术和诀窍的能力提高而不断增强,从而使伙伴间的信任程度以及合作水平可能大大降低(Gulati,1995)。

针对竞争性战略联盟的独特特征,即由竞争对手组建的既竞争又合作的特殊关系,本书将重点考察联盟内部的机会主义风险,包括:专业化分工、企业较长时期将某些细分功能部门闲置或关闭而可能导致的能力丢失风险;对伙伴形成的显著的依赖性风险(杜尚哲 等,2006);核心资源暴露而被伙伴所模仿学习、窃取转移等所导致的竞争优势弱化风险(Zineldin,2004);由于向联盟投入专用性沉没资产而可能产生的受伙伴要挟(敲竹杠)风险(Reuer and Arino,2007;聂辉华和李金波,2008);以及相互推托任务导致工作效率低下等方面的风险。这些风险都是学者以及管理实践人员所总结出的竞争性战略联盟所具有的,且对联盟的治理结构选择或变化具有显著影响的因素。

⑤潜在竞争优势。

坚持资源基础理论的学者认为,资源的异质性会影响交易成本对经济组织的决定性作用,他们指出组织模式是由企业独特的优势和劣势决定的。例如,资源基础理论(RBV)认为,采用科层制的模式能够更好地利用企业有价值的、特有的资源。这样,具有独特的、有价值生产能力的企业更倾向于内部化那些与其独特能力有互补性的活动(Quinn and Hilmer,1994;Argyres,1996;Barney,1999;Leiblein and Miller,2003)。

资源基础理论指出,知识的特性尤其是隐含的知识会影响组织治理模式的选择(Grant,1996;Kogut and Zander,1992,1993,1996;Spender,1996)。知识基础观强调资源的整合难度并提出使用企业而非合资、合约以及其他组织治理模式来提供更好的治理(Teece et al.,1997)。企业科层制被认为在知识整合与扩散(Conner,1991)和信息处理能力(Gulati and Singh,1998)方面相对其他治理模式更有效率。

现有的研究检验了具有某些特征的资源与组织治理模式的关系,证实了高度专用的资源和活动通过企业治理更有效。如 Kogut 和 Zander(1993)认为企业在对全资子公司转移复杂知识方面更加有效,且编码成本更低。Almeida 等(2002)证实了跨国公司在转移技术知识时比联盟和市场交易方式都更有效率。

因此,更类似于科层组织的股权联盟比契约联盟能够更好地整合隐性知识和转移复杂知识,对于资源的控制使其更能提供持久竞争优势,而产生大于交易成本节余和避免市场机会主义的收益。

在潜在竞争优势的刻画上,本书采用企业管理人员对联盟中长期绩效的主观评价,根据文献和企业实地访谈反馈,选取了管理能力、创新能力和竞争地位提升(Zineldin,2004)这三个指标作为具体的评价指标。

⑥联盟范围控制。

联盟范围是一个多维度的复杂概念。Pisano（1989）和 Oxley（1997）分别将联盟范围定义为联盟中包含的技术或职能活动的数目，通过实证研究联盟范围与联盟治理的关系，发现联盟范围的大小与科层治理的程度相关。Khanna（1998）等将联盟范围定义为两个联盟企业之间的私有利益和共同利益的交集，该定义过于抽象不适合进行实证研究，而 Sampson（2004）将联盟范围定义为创新性项目之中包含的新技术程度，刻画了技术合作的深入程度。

Oxley 和 Sampson（2004）将联盟范围分为两种类型：纵向（功能型）范围和横向范围。纵向范围是指联盟企业研发、制造和营销等业务活动的结合程度。一个联盟可能包括这三类活动中的一种或多种，若一个合作仅局限于其中单一的活动，这样的联盟具有相对小的联盟范围，而包含任意两种或者全部三种活动的联盟则被认为具有相对较大的联盟范围。他们通过实证研究发现，联盟纵向范围控制与联盟的治理结构是相互替代的治理机制。与其以往研究结论一致，企业在研发联盟范围更大时（包含更多的业务种类），将采用更具保护性的治理机制。反过来，股权联盟也倾向于使合作伙伴参与到多项业务活动中而非单一的"纯"研发活动，即联盟治理结构也影响联盟范围。参与合作的企业将在竞争威胁下尽量减少合作的范围，尤其是在直接竞争对手之间，因为联盟的治理结构并不能完全有效控制资源和知识的泄露风险。因此，通过联盟纵向范围控制可以降低企业感知的机会主义风险。

作为补充，横向范围与具体项目的规模、复杂性和不确定性有关，是"较为主观且具有挑战性的"。通过横向范围控制，参与合作的企业可以在联盟纵向范围没有发生变化的情况下,减少核心知识暴露,最大程度避免对方的机会主义倾向,且不会因缩减联盟纵向范围给对方带来的负面影响而影响合作。因此,横向范围控制是本书关注的重要治理机制,这也弥补了现存研究多数将联盟范围甚至联盟治理机制作为外生影响因素来考察的不足,实际上正如 1997 年 7 月刊《联盟分析师》指出的:确定联盟范围是联盟伙伴间最为重要的事务之一,参与联盟的企业必须在合作地域、产品类型、客户细分、商标使用、技术、新设实体公司、固定资产比例等多个方面选择恰当的界限,必须详细考察什么活动可能在联盟中进行以及什么活动为母公司所保留。

在联盟范围控制的刻画上,本书采用企业管理人员对联盟管理的评价,根据文献和企业实地访谈反馈,选取了"联盟与母公司在合作业务中的地位和角色有清楚的界定并严格区分""关于地理、客户、商标等会展示给伙伴的具体经营内容有严格的规模和程度考虑""有职能部门严密控制合作信息和知识分享的程度""严格限制对方访问战略、市场销售、技术性知识"四项作为具体的评价指标。

⑦技术模块化。

子系统与整体系统之间的关系是技术模块化设计的关键,可以通过两种方式来实施:一是将子系统与整体系统连接的界面标准编码化;二是减少子系统与整体系统的交互依赖性(Sanchez,1996)。因此,若企业间的技术合作具备以上两种属性,即由合作伙伴开发的子系统与企业自身研制的核心系统之间的界面可标准化、子系统与核心系统的交互依赖性能够降低,则可以将该项技术的研发活动设计为跨企业边界的技术模块化形式在企业间进行。联盟中开发的子系统和企业自身研制的核心系统构成了整个复杂系统,因此本书将技术模块化定义为:通过标准化的界面或规则相联系的各个外包子系统与企业保留的核心系统所组成的复杂技术系统(Langlois,2002)。

利用技术模块化,企业可以不必独立完成复杂产品所有组件的研发,而是通过分解和运用拼组技术将模块重新组合,从而完成新产品的研制生产(尹建华和王兆华,2008)。相关的实证研究也表明,模块化不仅能直接影响企业的短期绩效,还会通过提高企业的门槛和重要性来提升短期绩效水平,并且还能够通过提高技术创新水平来提升企业的未来性能力进而促进绩效增长(陈建勋 等,2009)。

从模块化演进的过程,可以发现模块化的本质是信息的分块和隔离,正如青木昌彦(2001)指出的,模块化的历史演进过程呈现出三种不同的主导形式——古典型、丰田型和硅谷型,这也可以认为是模块化演进的历程,而划分各种形式的依据是模块之中"信息包裹"的程度,因此信息包裹的重要功能更是体现在分散和降低企业研发风险的内在机制上(陈柳,2006)。

因而,技术模块化正是有效的隔离机制,用以平衡企业间的知识控制和分享程度,保护知识优势企业的资源,降低其对知识泄漏风险的顾虑,有力地促进了技术资源在企业间的转移,提高了技术联盟的绩效。企业能够将技术设计的所有流程分散化,并通过子模块重组完成新技术研发,进而能够扩大研发创新的范围和缩短研发周期(Schilling,2000;Sanchez,1999)。

企业通过技术模块化,将非核心技术的多个模块以联盟方式放在外部予以实现,而集中精力进行自主核心技术的开发,能够压缩技术研发周期。更为重要的是,通过技术模块化,核心技术将被牢牢掌握在企业自己手中,减少了企业间知识分享,使得合作伙伴对自身技术、经营等相关信息"一无所知",因此,知识密集型的联盟才在真正意义上获得了分享私有知识完成联盟目标和限制知识过分暴露风险两者之间平衡(Tiwanab,2008)。

因此,本书采用了四个具体指标来刻画技术模块化的程度:合作涉及的技术(产品)可以分解为多个模块(模具或组件);各模块之间有稳定的标准化接口;各模块已经高度标准化;不同模块的开发由相应的独立部门(公司)进行。

(3)研究的相关假设。

①交易属性——效率边界。

资产专用性。资产专用性反映某一项资产投资对特定联盟交易的专用性程度。一旦双方签订了需要专用资产投资的契约便形成了互相依赖关系,此时单纯的市场机制无法有效地约束伙伴的机会主义行为,为联盟提供专用资产的参与方将面临资金被侵占的风险。因此随着资产专用性的增强,特别是当不完全缔约与资产专用性连接在一起时,用于防范机会主义风险的交易治理成本也随之而增加。由于股权联盟治理结构不仅可以降低缔约的成本,而且其激励相容的特性也降低了伙伴机会主义行为的动机,从而避免了事后适应和敲竹杠的问题。所以,在高度资产专用性的交易环境下,具有层级组织特征的股权型联盟是比市场缔约更加有利的交易组织形式。因此,本书提出假设4.1a。

假设4.1a:当合作中涉及较高的资产专用性时,企业更倾向于选择合资(相对于股权联盟)或选择股权联盟(相对于契约联盟)。

Joskow(1988)对契约复杂性的研究认为,资产专用性是一个重要的影响交易契约设计的因素。例如:当资产专用性低时,资源可以很容易地部署到其他业务中,因此合作伙伴的身份和连续性并不重要(Klein et al., 1978;Williamson,1991)。合作伙伴不会影响公司的发展,而公司也没有必要通过设计复杂的合同来维持稳定的合作关系。然而,当公司在联盟中投入了专用性交易资产时,合伙伙伴可能产生机会主义行为,并通过威胁终止联盟以获取更多的利益。此时,管理者必须权衡事前建立复杂合同的成本与潜在利益损失的大小。如果潜在利益损失在进行专用性资产投资时增加,管理人员将通过采用复杂合同去避免违约或使合约终止更有利(Dyer, 1997;Poppo 和Zenger,2002)。因此,投入专用性交易资产可能涉及机会主义行为,而建立相应联盟合同条款的额外费用也是合理的。因此,本书提出假设 4. 1b。

假设 4. 1b:当合作中涉及较高的资产专用性时,竞争性战略联盟的合同复杂度较高。

联盟中的伙伴不确定性是指难以观察伙伴对契约性协议的忠诚度、难以度量伙伴的绩效以及难以预计联盟中的技术变革等情况。联盟中的不确定性程度越高,描述、监督和执行合同的难度越大,进而伙伴机会主义风险和道德风险也将增加。伙伴不确定性的问题在多领域的联盟合作中更为突出,相对于涉及多业务领域(例如同时涉及生产、研发和营销等多种活动)的联盟而言,单一业务活动的联盟很容易通过契约来加以监督,而随着联盟双方涉及的业务活动范围的增大,联盟治理的复杂性也会随之增加。联盟活动的复杂性为伙伴机会主义行为创造了有利的土壤,因为随着联盟合作中涵盖业务活动的数目增加,合同的设计、执行和监督的难度剧增,联盟中面临的伙伴不确定性极大,此时简单的合同已经难以担当起有效的联盟治理作用,所以往往需要更严密的联盟结构和合同。因此,本书提出假设4.2a。

假设4.2a:当伙伴不确定性越高时,竞争性战略联盟越倾向于选择合资(相对于股权联盟)或选择股权联盟(相对于契约联盟)。

Williamson(1985)认为,实际人都是"契约人",他们无不处于交易之中,并用或明或暗的合同来管理他们的交易。契约人的行为特征表现为有限理性。有限理性指主观上追求理性,但客观上只能做到有限理性(西蒙)。有限理性决定了在合作过程中将每种可能出现的偶然事件考虑和签约是有代价的,换言之,事前设计和制定复杂合同的成本是很高的。同时,Williamson(1991)认为内部的不确定性风险,可以通过制定契约和治理保障措施,降低行为的不确定性。由于信息的不完全和有限理性的联盟成员不可能预期到未来环境变迁给联盟带来的挑战,联盟契约不可能包含穷尽未来的一切条款。因此,如果联盟合约能够重新协商或不断修正,机会主义行为也是可以规避的。问题是,长期合同的重新谈判或协商调整会因为高成本而受阻,合同的重新协商意味着联盟成员重新回到讨价还价能力相等的初始状态,因此,合作伙伴在签订复杂的契约前需要考虑复杂合同成本的大小与不确定性所带来的损失的大小,而不确定性程度较高往往意味着潜在的损失较大,因此联盟双方便更倾向于采用复杂而完备的契约来规避不确定性带来的损失。同时,伙伴在选择过程中,企业可以通过复杂契约的签订来识别出合作伙伴的真实能力或类型,避免战略联盟伙伴选择中的逆向选择问题。因此,本书提出假设4.2b。

假设4.2b:当伙伴不确定性越大时,竞争性战略联盟的合同复杂度也越高。

②资源与能力特征——效率边界

资源的战略水平越高,越能够为企业创造独特的竞争优势,因而对企业发展的影响也会越显著。当企业与竞争对手进行合作,并向联盟投入这些战略性资源时,伙伴企业便有机会对这些资源进行学习、模仿甚至转移。一旦伙伴学习或掌握了这些独特资源,企业原有的竞争能力就会被削弱。此外,如果联盟运作过程采用了"任务分配"型分工合作模式,即各成员只承担合作任务的一部分,而对于其他任务,即使企业具有相关功能部门也不能参与,而是由优势相对更强的伙伴来承担,企业将会面临丧失某些能力的风险。因为这种合作模式虽然能够有效避免重复建设,并显著提高工作效率,但是任务分配将会导致深度专业化,从而一方面会使伙伴企业之间的相互依赖程度不断增大;另一方面可能会导致企业逐步失去长期不从事的工作的相关技能,这些对企业都隐含着巨大风险(杜尚哲 等,2006)。

首先,若企业能够利用的联盟资源的价值性、稀有性越强,意味着预期的这种合作关系在企业长远战略中扮演的角色越重要。当联盟对企业长期竞争越重要,对企业在技术资源和信息共享方面的贡献越大时,企业越需要确保伙伴在短期内不会成为自己的直接竞争对手,这就越需要采用以控制权为主要特征的结构模式或更加复杂的合同来对合作进行规范。其次,不同类型的资源往往具有不同程度的可模仿性,为了获取某些比较稳定的、根植于组织内部的资源,企业往往需要选择较为紧密的联盟结构或为保护资源所设计的复杂合同,以期在与伙伴密切互动的过程中对资源进行更有效的学习或转移(Casciaro,2003)。最后,联盟资源的可渗透性也对联盟的治理结构的选择和合同复杂度具有影响,当资源不会渗透到其他业务领域而仅限于特定业务中时,联盟很可能由简单的协议形式达成,但当公司间的关系错综复杂、相互依赖性较强时就会选择层级化(迈克尔·Y.吉野 等,2007)。相对于非股权结构而言,股权联盟能够为伙伴提供更多的控制权,而合资更接近科层组织(Reuer and Africa,2002)。因此,本书提出假设 4.3a 和 4.3b。

假设 4.3a:资源战略水平越高,竞争性战略联盟越倾向于选择合资(相对于股权联盟)或选择股权联盟(相对于契约联盟)。

假设 4.3b:资源战略水平越高,竞争性战略联盟的合同复杂度越高。

联盟中企业的联盟能力较强时,企业具备良好的联盟协调能力、沟通能力和凝聚力,这些能力可能是企业在以往与其他联盟合作时通过经验累积获得的,也可以是与目前合作伙伴磨合得较好。总之,作为一种动态能力,联盟能力是一种比资源更高阶的能力特征,这种能力如果满足资源的价值、稀缺、不可模仿和组织可利用性,能够直接对联盟合作的各个方面有显著的提升作用,因此是企业试图通过联盟活动获取持久竞争优势的重要影响因素。相对于市场型的组织,科层组织能够给企业带来更多的收益,但管理成本也迅速提高,联盟能力强的企业在驾驭管理更为复杂的科层组织时能够表现出更丰富的经验和管理技巧,因而更容易取得成功。并且过去的经验能够给联盟目前和未来的合作带来实质性的经验,使得企业在合同设计之初即能够考虑得更加充分而提前规避重要的风险因素,增加联盟活动的成功概率。因此,本文提出假设 4.4a 和 4.4b。

假设 4.4a:联盟管理能力越高,竞争性战略联盟越倾向于选择合资(相对于股权联盟)或选择股权联盟(相对于契约联盟)。

假设 4.4b：管理能力越高，竞争性战略联盟的合同复杂度越高。

③期权因素——联盟边界。

在联盟的外生风险，即对联盟效果具有消极影响的外部环境风险方面，本书重点研究市场风险（市场不确定性），并借助需求不确定性、技术不确定性以及竞争不确定性三个方面对其进行测量。对于不确定性环境下的治理选择，交易成本理论关注的不确定性主要针对合作伙伴间机会主义导致的"行为不确定性"，并不能很好解释联盟外生环境导致的"市场需求不确定性""技术不确定性"和"竞争不确定性"对联盟治理选择的影响，因而笼统使用"不确定性"概念会导致选择与现实相矛盾的治理结构（Geyskens et al.，2006）。实物期权理论弥补了外生不确定性条件下交易成本理论分析交易属性的不足，逐渐发展成为治理结构选择的另一主流理论（Folta，1998）。

McGrath 和 MacMillan（2000）认为企业在市场需求环境高度不确定性条件下最好能够拥有多种投资选择权，而参与合作的企业拥有延缓投资或分散投资的选择权是最有价值的灵活性资产。因此实物期权理论认为企业将采用靠近市场的治理结构，以少量的投资（治理）来减少不确定性带来的损失，获得当市场好转时迅速反应的平台。市场需求不确定性越大，联盟越倾向于松散的治理结构和合同。

在技术探索性联盟中，技术不确定性是最重要的外生不确定性。高新技术行业往往伴随着高度的技术不确定性，如在生物技术行业中，已经可以结合特殊的化学方法、基因组学和生物信息学等技术手段来选择和测试新的分子结构，但是这些方法在临床治疗上具有高度不确定性（Folta，1998）。为此，企业会保留联盟形式而非终止合作，因为终止就意味着未来潜在收益的减少。并且，实物期权理论认为科层治理在高度的技术不确定性条件下会有较高的组建、运营和解散成本,因而准市场化的治理结构更适合新技术开发。Teece(1992)也指出合约形式治理结构特别适合在高度创新和知识扩散型环境下采用,技术不确定性越大,联盟越倾向于松散的治理结构或较低的合同复杂度。

联盟的伙伴选择极其重要,合作通常涉及研发、生产、销售和服务等多个阶段,因而对于自身资源和知识的保护成为关注的焦点。如果与合作伙伴在终端市场上存在竞争,机会主义趋向将大大提高。实物期权理论认为试探性地采用少量投资——建立准市场型联盟不会过多暴露自己的技术和能力,并能据此了解竞争对手的实力,为未来深入合作乃至并购创造灵活性价值(Leiblein,2003)。因此,本书提出假设 4.5a 和 4.5b。

假设 4.5a:外部不确定性越高,竞争性战略联盟越倾向于股权联盟(相对于合资)或契约联盟(相对于股权联盟)。

假设 4.5b:外部不确定性越高,竞争性战略联盟的合同复杂度越低。

Kogut(1991)将实物期权理论应用于联盟问题,他认为合资可作为在需求不确定情况下进入新市场的扩张期权。合资价值增长的不可预期的市场信号将会带来合资的继续,而价值的下降并不必然导致合资的放弃,这种不对称的结果证明合资可以实物期权的思想来设计。而相对于合资企业和股权联盟,契约联盟合作见效快、设置容易、合作方式灵活,短期而言企业联盟更具优势。而合资企业由于存在大量的实物资源投入、双方人力资源的融合等问题,需要较长时间才能体现出后期收益优势。

Folta 和 Leiblein(1994)指出,生物技术产业中未来技术的不确定性非常高,产业中的大企业一般更倾向于与小企业通过权益联盟合作来获取革新技术。当不确定性得以解决、技术被证明是有价值的时候,领头企业会通过收购合资联盟而执行期权,同时还提出了契约联盟具有期权价值的观点。在高度不确定性条件下,陈梅等(2009)评估的松散联盟灵活性价值大于紧密性联盟的研究结论也指出灵活性价值对于灵活合同条款的要求,因为在不确定性环境条件下,灵活性更能够创造价值。因此,本书提出假设 4.6a 和 4.6b。

假设 4.6a:短期期权价值越高,竞争性战略联盟越倾向于契约联盟(相对于股权联盟)或股权联盟(相对于合资)。

假设 4.6b:短期期权价值越高,竞争性战略联盟越倾向于较低的合同复杂度。

4.2.2　内生影响因素的路径分析

为了揭示内生影响因素对效率边界的作用机制,需要分析影响因素对效率边界的影响路径。根据相关文献(Arino, 2003;Das and Teng, 2001;Lee and Cavusgil, 2006;刘益 等, 2004),以及对企业管理人员的访谈,本书提出了以下相关假设:

(1)交易属性——机会主义风险。

基于有限理性和伙伴机会主义行为的假设,经济组织需要最小化生产成本和交易成本是交易成本理论的核心观点(威廉姆森,1985)。感知的机会主义风险使得事前交易成本——契约防范和事后的可识别交易成本——合同执行等成本大大增加。为了避免过高的交易成本,企业通过内部化技术市场合同——采取自行研发或收购的方式来进行交易活动。在竞争性联盟中,如果双方合作涉及的交易的资产专用性较大,投资的专用性设备或资源较多,则极易被对手方"锁定",形成敲竹杠的经典态势。并且,随着伙伴间不确定性增加,这种情形还会加剧,因此,本书提出假设4.7a和4.7b。

假设4.7a:资产专用性越大,竞争性战略联盟面临的机会主义风险越大。

假设4.7b:伙伴不确定性越大,竞争性战略联盟面临的机会主义风险越大。

(2)资源与能力特征——机会主义风险。

很多学者一致认为,企业组建联盟的主要目的就是获取伙伴所拥有的、自己所需要的独特资源(Das and Teng,2000;Hamel,1991)。当伙伴向联盟投入了这些关键资源时,企业便可以借助它们去实现自身目标,如加快新技术/产品的研发、进入某一市场、提高市场份额等。

资源的战略性水平越高,表明它们对联盟企业的重要性越显著,为了尽可能多地利用和学习这些优势资源,合作成员会尽量控制和降低威胁合作进展的风险性因素,以维护联盟的平稳运行。这些风险性因素主要包括:相互推托任务导致工作效率低下、合作难以有效进行;利用伙伴向联盟投入了较多的专用化沉没资产、对联盟具有较高依赖性而向其提出不合理的要挟条件(Chen and Chen,2003);相互猜疑、不信任伙伴会履行承诺以至于迟迟不采取实质性合作行动等。战略性资源是企业创造竞争优势的源泉,企业通过联盟所接触到的伙伴战略资源的质量越高,即资源创造独特优势的能力越强,它们能够为企业带来的潜在收益就会越多;同时,经过学习、模仿、转移、吸收等知识整合过程,企业甚至可以掌握伙伴的核心竞争力,从而提高自身的长期发展能力。因此,竞争性战略联盟中具有高度的资源战略水平时,企业面临的机会主义风险会很高,因此,本书提出假设4.8a。

假设4.8a:资源战略水平越高,竞争性战略联盟面临的机会主义风险越大。

Gulati(1998)和Kale等(2002)将企业曾经参与其中的联盟个数作为衡量企业联盟经验的主要指标,而Draulans等(2003)更直接根据企业参与的联盟数量定义了三个层次的联盟经验,他们的研究逻辑是:企业参与越多的联盟活动,在将来的联盟活动中会获得越大的成功。三个层次的联盟经验及对应的联盟能力也有显著的差异。

属于第一个层次的企业,往往组建一个或几个联盟,并且企业只有非常有限的联盟经验来应对企业间活动和联盟的具体实施,因此表现为较弱的联盟能力,在这个阶段的企业,参与联盟活动还需要对联盟活动的一般概念、非具体合同和组织知识做深入了解,并且企业倾向于通过"干中学"以一种程序性的方法来积累联盟相关的知识。尽管企业的学习曲线还比较陡峭,学习效率较高,然而大多数公司仍然难以获得满意的战略合作成果。但企业可以采用多种机制以获得较满意的结果:第一,联盟评估和伙伴甄选可以增加双方的了解并减少随意决策;第二,跨文化项目或外部联盟培训可以帮助企业获得必要的联盟知识。

在第二个层次,随着参与的联盟数目增多,在联盟活动对企业的重要性不断提升的同时,企业获得了较多的联盟经验,并试图制定标准的流程来管理联盟,联盟流程的标准化也使隐晦的联盟知识转变为明确的知识而加速企业内部的学习,因而也能使企业在未来获得更大的成功。在这个阶段的企业也可以采用多种方法进一步提高自身的联盟能力:首先,企业可以收集自身和类似企业的最佳联盟实践方案,并以此来评价联盟活动的效果;其次,采用联盟培训或邀请专家讲授的方法分享联盟的教训和扩展相关的知识;再次,采用量化的联盟考核和激励机制可以提高相关员工和经理的热情,有利于联盟活动的成功;最后,企业可以任命联盟专员、经理和保密人,分别负责联盟信息的处理、管理和控制。综合采用这些机制将帮助企业获得更高层次的联盟能力。

属于第三个层次的企业有很多的联盟组合,联盟活动在这种企业中已经融合到经营战略之中,企业以一种程序化但灵活的方式建立并传播联盟经验和相关知识,这些经验和知识不只属于有限的几个专家,一系列的专门投资使知识在企业中的传播更加制度化。当然,这些专有的机制也确保了企业获得最高层次的联盟能力:首先,核心的协调机制(如联盟部门)的建立可以极其有效地提升企业的吸收能力,采用联盟部门、保密人和联盟经理(副总)的组织构架使得联盟的管理体系趋于完整;其次,联盟数据库的采用将更快地提升信息处理和交换的效率。

从三个层次的联盟能力来看,低级的联盟能力是企业的个别经验累积,而高级的联盟能力在某种意义上已经成为一种制度化的治理机制,在对抗机会主义风险方面更具优势。因此,本书提出假设4.8b。

假设4.8b:联盟管理能力越强,竞争性战略联盟面临的机会主义风险越小。

(3)机会主义风险——联盟效率边界。

伙伴在联盟内感知的机会主义风险水平往往影响着联盟的治理模式(Das and Teng,1996)。结构不同意味着成员企业对各自向联盟投入的资源的控制水平不同,因此企业可以通过选择适当的联盟结构,对资源的共享程度、合作的深度广度进行控制(Reuer and Africa, 2002),从而尽量在最大化利用伙伴资源的基础上,保护自身的核心资源或能力,并成功实现对某些不利风险的规避。

此外,众多研究表明,联盟内的伙伴间关系风险与合作结构中的紧密程度之间存在负相关关系(Das and Teng, 1999),如股权联盟较之契约联盟,其关系风险水平往往较低,因为前者中成员对联盟的控制能力较高,可以及时、有效地发现和抑制各种机会主义行为,如搭便车、推卸责任、不履行承诺等。此外,紧密的股权结构有助于提高成员之间的关系资本,增进彼此间的信任度,从而也能够降低内生风险水平(Casciaro, 2003)。在面临的机会主义风险较大时,合同治理在很大程度上发挥着与联盟治理结构相互补充的作用,因为即使是在最紧密的治理结构条件下,也不能仅仅依赖被动的管理控制,而需要结合适当的合同安排来完善联盟管理。因此,本书提出假设 4.9a 和 4.9b。

假设 4.9a:面临的机会主义风险越大,竞争性战略联盟越倾向于采用股权联盟治理结构。

假设 4.9b:面临的机会主义风险越大,竞争性战略联盟越倾向于较高的合同复杂度。

(4)资源与能力特征——潜在竞争优势。

很多学者一致认为,企业组建联盟的主要目的就是获取伙伴所拥有的、自己所需要的独特资源(Das and Teng, 2000; Hamel, 1991)。当伙伴向联盟投入了这些关键资源时,企业便可以借助它们去实现自身目标,如加快新技术/产品的研发、进入某一市场、提高市场份额等。战略性资源是企业创造竞争优势的源泉,企业通过联盟所接触到的伙伴战略资源的质量越高,即资源创造独特优势的能力越强,它们为企业带来的潜在收益就会越多;同时,经过学习、模仿、转移、吸收等知识整合过程,企业甚至可以掌握伙伴的核心竞争力,从而提高自身的长期发展能力。因此,本书提出假设4.10a。

假设4.10a:资源战略水平越高,竞争性战略联盟潜在的竞争优势越强。

多个学者同时指出企业可以通过内部化联盟知识的方式来提升联盟能力,并证实了联盟经验和联盟能力都是联盟绩效的重要影响因素(Simonin,1999)。Heimeriks 和 Duysters(2007)通过对收集的2 600个联盟数据进行研究,证实了联盟能力是作为一个中间变量来影响联盟经验和绩效的关系的。Heimeriks 等(2007)又通过收集192个管理了3 400多个战略联盟的公司的数据,证明了在联盟组合中,不同程度的联盟经验、不同的学习机制(整合机制和制度化机制)会产生不同的绩效,而且指出公司可以通过整合机制去转移以前的经验以发展它们的联盟能力。Rothaermel 和 Deeds(2006)对全球325个生物技术企业的2 226个研发联盟进行研究,发现联盟类型和联盟经验调节了高技术风险研发联盟和它的新产品发展的关系,也证实了联盟能力的存在和公司间联盟能力差异对绩效影响的显著作用。因此,本书提出假设4.10b。

假设4.10b:企业的联盟管理能力越强,竞争性战略联盟潜在的竞争优势越强。

(5)潜在竞争优势——联盟效率边界。

在各种联盟结构中,不管是简单的买卖关系,还是在准层级和层级结构安排中,都会发生知识转移,其中知识协议可以实现知识的市场交换,而层级(尤其是合资企业)则既可以传播知识又可以创造知识(迈克尔·Y.吉野 等,2007)。学者们也一致认为,联盟结构越紧密,越有助于提高伙伴间相互学习的效率与效果(Kale et al., 2000)。因此,当企业与对手结盟的主要目的是学习对方的核心知识时,随着知识隐性程度的增加,联盟的结构需要随之不断深化,才能够进行有效学习并获取更好的学习效果,进而提高自身的长期发展能力。因此,本书提出假设 4.11a 和 4.11b。

假设 4.11a:潜在竞争优势期望越高,竞争性战略联盟越倾向于股权联盟治理结构。

假设 4.11b:潜在竞争优势期望越高,竞争性战略联盟越倾向于提高合同复杂度。

综上所述,完整的内生影响因素对效率边界的路径分析的概念模型如图 4.3 所示。

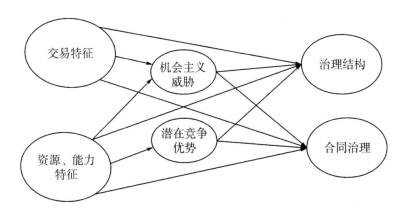

图 4.3 内生影响因素与效率边界的路径模型

4.2.3 联盟范围控制与技术模块化对效率边界的调节效应研究

为了分析联盟范围控制与技术模块化两者对效率边界的作用机制,需要引入调节变量进行分析。

(1)联盟范围控制作为调节变量。

除了正式的治理结构,企业还可以通过控制联盟范围、限制合作中的资源和知识分享,弥补正式治理结构的不足。这种控制是完全有必要的,因为即使在最紧密的合资治理中,仍需适时调整联盟范围,才能有效平衡资源、知识的保护和分享。而在契约联盟中,通过联盟范围的控制甚至可能充分减少机会主义风险,进而替代正式合同治理。

因此,机会主义风险的控制至少可以采用两种方式:选择恰当的合同复杂程度或控制适度的联盟范围。如图4.4所示,作为非正式治理机制,联盟范围的控制既可以通过联盟纵向范围——业务和职能来进行,也可以通过横向范围——联盟具体业务的合作程度和规模来实施,通过控制横向范围,可以在合作效果不佳时适当增大合作范围,避免初始即暴露过多的资源和知识给对方,并且使企业在保持稳定的合作政策下,能灵活、适度调整合作范围而不会使对方明显察觉。因此,本书提出如下假设。

假设4.12a:联盟范围控制对资产专用性与治理结构的关系具有显著的调节作用。

假设4.12b:联盟范围控制对资产专用性与合同复杂度的关系具有显著的调节作用。

假设4.12c:联盟范围控制对伙伴不确定性与治理结构的关系具

有显著的调节作用。

假设 4.12d:联盟范围控制对伙伴不确定性与合同复杂度的关系具有显著的调节作用。

假设 4.12e:联盟范围控制对资源战略水平与治理结构的关系具有显著的调节作用。

假设 4.12f:联盟范围控制对资源战略水平与合同复杂度的关系具有显著的调节作用。

假设 4.12g:联盟范围控制对联盟管理能力与治理结构的关系具有显著的调节作用。

假设 4.12h:联盟范围控制对联盟管理能力与合同复杂度的关系具有显著的调节作用。

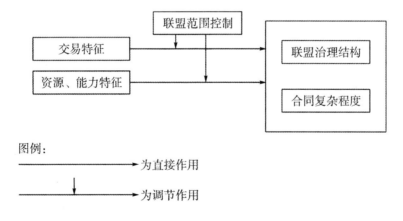

图 4.4 联盟范围控制的调节效应研究

(2)技术模块化作为调节变量。

企业通过技术模块化,将非核心技术的多个模块以联盟方式在外部进行开发,而集中精力进行自主核心技术的开发,能够压缩技术研发周期。更为重要的是,通过技术模块化将核心技术牢牢掌握在企业自己手中,减少了企业间知识分享,使得合作伙伴对自身技术、经营等相关信息"一无所知",因此,知识密集型的联盟才在真正意义上获得了分享私有知识完成联盟目标和限制知识过分暴露风险两者之间的平衡(Tiwana,2008b)。

如图 4.5 所示,通过技术模块化,联盟涉及的技术子系统与整体技术系统结合的界面被编码化,联盟间的知识分享最大程度被降低,使得用以限制知识分享和保护资源的复杂合同作用大大降低;并且模块化使联盟涉及的技术子系统与整体系统的交互依赖性降低,企业可以通过与多家企业建立联盟方式来保证子系统的稳定性,单个联盟的终止或事故不会影响到其他子系统乃至整体系统的运行,因而没有必要采用监督成本较高的正式治理方式来规范和监督联盟伙伴间的行为(Tiwana,2008a)。因此,本书提出如下假设。

假设 4.13a:联盟中技术模块化对资产专用性与治理结构的关系具有显著的调节作用。

假设 4.13b:联盟中技术模块化对资产专用性与合同复杂度的关系具有显著的调节作用。

假设 4.13c:联盟中技术模块化对伙伴不确定性与治理结构的关系具有显著的调节作用。

假设 4.13d:联盟中技术模块化对伙伴不确定性与合同复杂度的关系具有显著的调节作用。

假设 4.13e:联盟中技术模块化对资源战略水平与治理结构的关系具有显著的调节作用。

假设 4.13f:联盟中技术模块化对资源战略水平与合同复杂度的关系具有显著的调节作用。

假设 4.13g:联盟中技术模块化对联盟管理能力与治理结构的关系具有显著的调节作用。

假设 4.13h:联盟中技术模块化对联盟管理能力与合同复杂度的关系具有显著的调节作用。

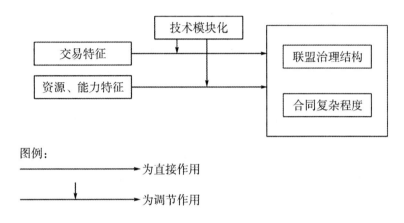

图 4.5 技术模块化的调节效应研究

4.3 研究方法

4.3.1 因子分析

因子分析的应用主要有两个方面:一是寻求基本结构(summarization),在多元统计分析中,经常碰到观测变量很多且变量之间存在着较强的相关关系的情形,这不仅给问题的分析和描述带来了一定困难,而且在使用某些统计方法时会出现问题。如在多元回归分析中,当自变量之间高度相关时,会出现多重共线性现象,变量之间的高度相关意味着它们所反映的信息高度重合,通过因子分析我们能够找到较少的几个因子,代表数据的基本结构,反映信息的基本特征,并通过各项指标在公因子上的因子载荷的大小,评价出指标的效度,对指标做出一定的处理。二是数据化简(data reduction),通过因子分析把一组观测变量化为少数几个因子后,可以进一步将原始观测变量的信息转换成这些因子的因子值,然后用这些因子值代替原来的观测变量进行其他的统计分析,如回归分析、路径分析等,并且利用因子值也可以直接对样本进行分类和综合评价。

因子分析包括两种基本形式:探索性因子分析(exploratory factor analysis,EFA)和验证性因子分析(conformatory facator analysis,CFA)。探索性因子分析致力于找出事物内在的本质结构,即依据资料数据、利用统计软件得出因子结构。而验证性因子分析用来检验探索性因子分析中提取出的因子结构拟合实际数据的能力。

(1)探索性因子分析。

探索性因子分析的主要目的如前所述,即找出影响观测变量的因子个数,以及各个因子和各个观测变量之间的相关程度。分析过程一般分为四个步骤:

第一步是判断观测数据是否适合做因子分析。因子分析的前提条件是观测变量之间具有较强的相关关系,这样才能够提出公因子,如果变量之间的相关程度很小,它们之间就不可能共享公因子。常用的方法是检验所有观测变量的相关矩阵,如果相关矩阵中的大部分相关系数都小于 0.3,则不适合做因子分析。SPSS 软件提供了反映象相关矩阵、巴特利球体检验、KMO 测度 3 个统计量帮助判断。本书选取 KMO(Kaiser-Meyer-Olkin measure of sampling adequacy)值和巴特利球体检验作为判断观测数据是否适合做因子分析的测度指标。当所有变量之间的偏相关系数的平方和远小于简单相关系数的平方和时，KMO 值接近 1。当 KMO 值较小时，表明观测变量不适合做因子分析，一般 KMO 值在 0.6 以上就说明观测变量适合做因子分析。巴特利球体检验用于检验相关矩阵是否为单位阵，即各变量是否独立，其零假设为相关矩阵是单位阵，只有拒绝了零假设才能使用探索性因子分析。

第二步是提取公因子。主要是通过主成分分析法来确定因子个数。一般采用的是特征值准则。特征值准则是特征值大于等于 1 的主成分作为初始因子，放弃特征值小于 1 的主成分。因子累计解释的方差的比例也是确定因子个数时可以参考的指标，一般选取的因子数能使累积解释的方差比例达到 70%，说明所提取的公因子的累计解释能力较强；50%~70% 可以接受，公因子提取有效，能够解释变量；同时，在提取因子时要考虑能否解释问题，一般保留因子过多解释会比较困难。

第三步是进行因子旋转。其目的是通过改变坐标轴的位置，重新分配各个因子所解释的方差比例，使因子结构更简单，更容易解释。它不改变模型对数据的拟合程度，不改变每个变量的公因子方差。一般选用的是正交旋转的方差最大法（VariMax），实际中，一般认为绝对值大于 0.3 的因子负载就是显著的。本书的因子分析也采用正交旋转的方差最大法，经因子旋转后，因子负载大于 0.5 的观测变量共享一个公因子；有两个及两个以上的因子负载大于 0.4 的观测变量应该删除，不适合享有公因子；因子负载都小于 0.5 的观测变量也应该舍弃（Tracey et al.，1999），因为因子负载的绝对值越小，在解释因子时越不重要。因子负载是观测变量和因子之间的相关系数,负载的平方表示因子所解释的变量的总方差。

第四步为因子值的计算。计算各个因子在每个案例上的得分值,有了因子值就可以在其他的统计分析中使用这些因子。因为本书旨在通过探索性因子分析寻找基本的数据结构,所以只涉及前面三个步骤。

为了评价通过 EFA 确定的因子结构,需要从信度(reliability)和效度(validity)两方面进行考察。信度是指一套指标与它所测度变量的一致程度,用来评价问卷这种测量工具的稳定性或可靠性,保证指标的可靠,因而信度分析也被称为可靠性分析。具体来说就是用问卷指标对同一事物进行重复测量时,所得结果的一致性程度,表明问卷中的各个问题测量的是否是同一个概念。评价可靠性存在许多方法,但传统的衡量方法主要包括稳定性和内在一致性检验(Churchill,1979)。其中,稳定性的衡量是通过不同时间对同一样本反复测试来完成的,但是,时间的局限和难以寻求到愿意参与纵观研究(longitude research)的样本客体等现实条件限制了社会科学中定性衡量的采用。内在一致性一般是由 Cronbach's Alpha 来衡量的(Cronbach,1951)。对每个指标的内在一致性进行评价,会为组成同一指标体系的内部等同性提供可靠的依据。另外,可靠性衡量方法还包括折半检验 Splith-alves test(Black and Poter,1996)、斜交旋转与正交旋转的因子分析比率(Black and Poter,1996)和 Wert-Linn-Jorekog 系数(Ahire et al.,1996)。本书选择了内部一致性信度来评价各指标体系的可靠性,运用 SPSS15.0 软件的 reliability analysis 子软件包,使用 Cronbach α 系数进行衡量。根据多数学者的观点(Churchill,1979;Daniel et al.,

2002），α 系数越大越好，在 0.7 以上说明指标与变量的一致性较好，若 α 系数为 0.5~0.7，说明指标可靠性是可以接受的。

效度是指测量工具或手段能够准确测量出所需测量事物的程度。效度可以分为内容效度、内敛效度（convergent validity）与判别效度（discriminant validity）。内容效度是指所选项目对测试内容或行为范围取样的适当程度，基于经典文献研究参考设定各变量的测量题项，可以有效提高内容效度水平。内敛效度指测量同一概念（因子）不同问题项之间的相关度。判别效度指一个概念与其他应该有所不同的概念之间的不相关（差异）程度。对于指标体系的效度进行检验，可以借助 AMOS 统计软件的验证性因子分析功能得以实现。

（2）验证性因子分析。

前文已述，验证性因子分析的主要目的是考察事前定义的因子模型拟合实际数据的能力。对于内敛效度和判别效度的检验，AMOS 软件均给出了相应的评价指标，只要因子模型的拟合优度达到要求，就可以借助因子的标准载荷等结果对效度进行检验。

对于内敛效度，有两种常用的检验方法：一是考察问题项在每个因子上的标准化载荷，载荷大于 0.6 则说明问题项与其潜变量之间的共同方差大于问题项与误差方差之间的共同方差，具有内敛效度；二是考察 AVE 值，AVE 值大于 0.5，则表明因子解释了问题项 50%以上的方差，存在内敛效度。AVE 值的计算方法为：某因子 AVE 值＝其测量指标标准化载荷的平方和/其测量指标的个数，其中标准化载荷值即为 standarded regression weights。

对于判别效度，其检验方法为：首先借助 EFA 中有关 KMO 值和巴特利球型检验结果考察是否适合做因子分析，根据各问题项载荷的分布判断因子个数,并考察累计解释变异程度;然后考察因子的 AVE 值的平方根是否大于因子之间的相关系数,如果是就证明了判别效度的存在。

4.3.2 回归分析

在本书的研究中,因变量不是普通的连续变量,而是特殊的离散变量。因此,传统的回归方法不适用于本书的研究场景,逻辑回归方法可以解决这个问题。

(1)逻辑回归分析。

逻辑模型有两个最主要的用途:一是用作影响因素分析,求出各协变量对因变量的比数比;二是作为判别分析方法,来估计各种自变量组合条件下因变量各类别发生概率。多元线性回归可以用于分析一个连续性因变量与一组自变量之间的关系,但在实际研究中经常会遇到因变量是分类变量的情况,需要研究该分类变量与一组自变量之间的关系,如本书研究的联盟的治理结构选择问题,就是在两种或多种不同的分类变量中进行选择:如契约联盟和股权联盟。此时,若以某事件发生率 P 为因变量,因变量与自变量之间通常不存在线性关系,而且从理论上讲,某事件发生率的取值范围为 $0\sim1$,但在线性模型中,不能保证在自变量的各个组合下,因变量的取值仍限制在 $0\sim1$。因此,当因变量为分类变量时,线性回归分析将不再适用。

设 P 为联盟选择股权模式的概率,取值范围为 $0\sim1$,$(1-P)$ 为该事件不发生的概率,将比数 $P/(1-P)$ 取自然对数得 $ln\{P/(1-P)\}$,即对 P 作 logit 转换,为 logit P,则 logit P 的取值范围在 $-\infty$ 到 $+\infty$ 之间。以 logit P 为因变量,建立线性回归方程:

Logit $P=\alpha+\beta_1 X_1+\cdots+\beta_m X_m$

可得,

$P=1/\{1+\exp(\alpha+\beta_1 X_1+\cdots+\beta_m X_m)\}$

该模型即为逻辑回归模型。相对传统分析,样本不需要服从正态分布,通过观测值计算出当前环境下每种模型成功预测的极大似然函数,在此基础上估计定性事件在每种模型中的成功概率。以此可见,逻辑回归模型实际上是普通多元回归模型的推广,但它的误差项服从二项分布而非正态分布,因此在拟合时采用最大似然法进行参数估计。模型中参数 α 是常数项,表示自变量取值全为 0 时,比数($Y=1$ 与 $Y=0$ 的概率之比)的自然对数值,参数 β 称为逻辑回归系数,表示当其他自变量取值保持不变时,该自变量取值增加一个单位引起比数比(OR)自然对数值的变化量。

和它的前身多元线性回归一样,逻辑回归模型对样本量也有着严格的要求,可以用下面这种经验方法来估计:首先选择因变量中较少的那一类,然后将该数值除以 10,这就是模型中可以分析的自变量数。需要注意的是以上为经验方法,佑计的只是样本量的最低温饱水平,有可能仍然不够。而分析时迭代不收敛、增删几例后参数估计值出现剧烈波动,或者出现极宽的可信区间等情况也往往和样本量不足有关,因此相对而言样本量越大越好。

1980 年,Ohlson 第一个将逻辑回归方法引入财务危机预警领域,他选择了 1970—1976 年破产的 105 家公司和 2 058 家非破产公司组成的配对样本,分析了样本公司在破产概率区间上的分布以及两类错误和分割点之间的关系,发现用公司规模、资本结构、业绩和当前的融资能力进行财务危机的预测准确率达到 96.12%。逻辑回归分析方法使财务预警得到了重大改进,克服了传统判别分析中的许多问题,包括变量属于正态分布的假设以及破产和非破产企业具有同一协方差矩阵的假设。

多元逻辑回归被引入财务风险预测研究之后,财务危机预测即简化为已知一公司具有某些财务特征,而计算其在一段时间内陷入财务危机的概率问题。如果算出的概率大于设定的分割点,则判定该公司将陷入财务风险。由于多元逻辑回归不要求数据的正态分布,因而其参数估计也比多元判别分析(MDA)更加稳健。虽然许多研究在运用多元逻辑回归方法时都忽略了自变量之间的多重共线性问题,但正如我们在后文所指出的,这一不足并非逻辑分析本身的缺陷。该方法目前在判别分析研究领域仍然占有主流地位。

多元逻辑回归模型的理论前提相对判别分析法要宽松得多,且没有关于分布类型、协方差阵等方面的严格假定。不过,在大量运用多元逻辑回归的研究中往往忽视了另一个相当重要的问题,即模型自变量之间可能存在的多重共线性干扰。与其他多元回归方法一样,逻辑回归模型也对多元共线性敏感。当变量之间的相关程度提高时,系数估计的标准误将会急剧增加;同时,系数对样本和模型设置都非常敏感,模型设置的微小变化、在样本总体中加入或删除案例等变动,都会导致系数估计的较大变化。由于财务比率均由具有相互钩稽关系的财务报表计算得出,同类指标之间的相关程度是非常大的,不加处理地让这些高度相关的变量直接进入模型必然会导致严重的多重共线性干扰。

(2)一般线性回归分析。

线性回归是利用数理统计中的回归分析来确定两种或两种以上

变量间相互依赖的定量关系的一种统计分析方法,运用十分广泛。分析按照自变量和因变量之间的关系类型,可分为线性回归分析和非线性回归分析。如果在回归分析中,只包括一个自变量和一个因变量,且两者的关系可用一条直线近似表示,这种回归分析称为一元线性回归分析。如果回归分析中包括两个或两个以上的自变量,且因变量和自变量之间是线性关系,则称为多元线性回归分析。

一般来说,线性回归都可以通过最小二乘法求出其方程,可以计算出对于 $Y = bX + a$ 的直线,其经验拟合方程如下:

$$\begin{cases} b = \dfrac{\displaystyle\sum_{i=1}^{n}(x_i - \bar{x})(y_i - \bar{y})}{\displaystyle\sum_{i=1}^{n}(x_i - \bar{x})^2} = \dfrac{\displaystyle\sum_{i=1}^{n}x_i y_i - n\bar{x}\bar{y}}{\displaystyle\sum_{i=1}^{n}x_i^2 - n\bar{x}^2}, \\ a = \bar{y} - b\bar{x}. \end{cases}$$

其相关系数(通常说的拟合的好坏)可以用以下公式来计算:

$$r = \frac{\sigma_{xy}^2}{\sigma_x \cdot \sigma_y}$$

$$= \frac{\dfrac{\sum(x - \bar{x})(y - \bar{y})}{n}}{\sqrt{\dfrac{\sum(x - \bar{x})^2}{n}} \times \sqrt{\dfrac{\sum(y - \bar{y})^2}{n}}} = \frac{\sum(x - \bar{x})(y - \bar{y})}{\sqrt{\sum(x - \bar{x})^2} \cdot \sqrt{\sum(y - \bar{y})^2}}$$

严格意义上说,线性回归模型为

$$Y_i = a + b_1 X_{1i} + b_2 X_{2i} + e_i$$

其中 e_i 为随机误差,被假定为服从均数为 0 的正态分布。即对每一个个体而言,在知道了所有自变量取值时,能确定的只是因变量的平均取值,个体的具体取值在其附近的一个范围内。而具体取值和平均取值之间的差异(e_i)被称为残差,这一部分变异是当前模型力所不能及的部分。为此人们一般采用最小二乘法来拟合模型,即保证各实测点到回归直线纵向距离的平方和为最小。如果采用此法拟合,则它和方差分析模型完全等价。

根据不同的分析目的,线性回归模型的适用条件会有所不同,基本的适用条件如下:

①线性趋势:自变量与因变量的关系是线性的,如果不是,则不能采用线性回归来分析。这可以通过散点图加以判断。

②独立性:可表述为因变量 Y 的取值相互独立,它们之间没有联系。反映到模型中,实际上就是要求残差间相互独立,不存在自相关,否则应当采用自回归模型来分析。

③正态性:就自变量的任何一个线性组合,因变量 Y 均服从正态分布,反映到模型中,实际上就是要求 e_i 服从正态分布。

④方差齐性:就自变量的任何一个线性组合,因变量 Y 的方差均相同,实质就是要求残差的方差齐。

如果只是建立方程,探讨自变量与因变量间的关系,而无须根据自变量的取值预测因变量的容许区间、可信区间等,则后两个条件可以适当放宽。此外,多元线性回归模型也有自己的样本量要求,虽然在这方面还没有精确的计算公式可供选择,但根据人们的经验,记录数应当在希望分析的自变量数的 24 倍以上为宜。

4.3.3　结构方程模型

在回归模型的基础上,本书尝试通过结构方程模型,将多个变量联立一起探讨它们之间的相互关系,构建出更为具体和准确的模型。

（1）结构方程模型。

结构方程模型（structural equation modeling，SEM）是一种能控制大量外生变量、内生变量以及潜变量（又称为隐变量或不可观察变量）、观察变量并描述成线性组合（加权平均）的建模技术，也即一种非常柔性的参数为线性的多变量统计建模技巧。它是计量经济学、计量社会学与计量心理学等领域的统计分析方法的综合；要求建模者依据一个变量对另一个变量不确定方向影响的方法构造模型，每一个方向的影响对应路径（流向）图中的一个箭头，在结构方程模型中也能把测量误差与方程中的误差分离开，并且能在各种误差内使误差项发生相互联系。结构方程模型的估计是用协方差分析方法（矩的方法）完成的。这种分析方法能为有限的内生变量提供精确的估计，其拟合优度检验用来确定研究者描述的模型是否与数据中的方差-协方差模型一致。

结构方程模型是一种相对新的方法，是一种非常通用的、主要的线性统计建模技术。它可以用联立方程组求解，而没有很严格的限制条件，同时允许自变量和因变量存在测量误差（measurement errors）；它使用的数据不必是客观数据，而是相对主观的数据。结构方程的很多特点优于多元回归、路径分析、计量经济学中的联立方程组等方法，这些方法只能处理有观察值的变量，而且还要假定其观察值不存在测量误差。然而在社会科学中，许多变量诸如智力、能力、信任、自尊、动机、成功、雄心、偏见、保守等概念并不能直接测量。实际上，这些变量基本上是人们为了理解和研究社会而建立的假设概念，对于它们并不存在直接测量的操作方法。人们可以找到一些可观察的变量（observed variable）作为这些潜变量（latent variable）的"标识"（indicators),然而这些潜在变量的观察标识总是包含了大量的测量误差。在统计分析中,即使是那些可以测量的变量,也总是不断受到测量误差问题的侵扰。自变量测量误差会导致常规回归模型参数估计产生偏差。虽然传统的因子分析允许对潜在的变量设立多元标识,也可以处理测量误差,但是它不能分析因子之间的关系。只有结构方程模型既能够使研究人员处理测量误差,又可采用多个指标去分析潜在变量之间的结构关系,较传统回归方法更为准确合理(Lin and Hau,1995)。由于结构方程模型允许变量存在误差,十分适合社会科学中各项不能精确计量的指标的研究,而管理学也是如此。

结构方程模型主要是一种证实性(confirmatory)技术,而不是一种探测性(exploratory)技术(郭志刚,1999)。也就是说,尽管结构方程模型分析中也涉及一些探测性的因素,但研究人员主要是通过应用结构方程模型来确定一个特定模型是否合理,而不是将其用来寻找和发现一种合适的模型。

应用结构方程模型有五个主要步骤:

①模型设定(model specification):在进行模型估计之前,先要根据理论或者以往研究成果来设定假设的初始理论模型。

②模型识别(model identification):决定所研究的模型是否能够求出参数估计的唯一解。在有些情况下,由于模型设定错误,其参数不能识别,求不出唯一的估计值,因而模型无解。

③模型估计(model estimation):模型参数可以采用不同的方法来估计。最常用的估计方法是最大似然法(maximum likelihood)和广义最小二乘法(generalized least squares)。

④模型评价(model evaluation):在取得了参数估计值以后,需要

对模型与数据之间是否拟合进行评价,并与替代模型的拟合指标进行比较。

⑤模型修正(model modification):如果模型不能很好地拟合数据,就需要对模型进行修正和再次设定。这种情况下,需要决定如何删除、增加或者修改模型的参数。通过参数的再设定可以增进模型的拟合程度,在实际操作中,可以根据软件输出中提供的模型修正指数与初始模型中的检验结果来决定模型的再设定。

一旦需要重新设定模型,就要重复以上五个步骤。这五个步骤构成了应用结构方程模型来研究一个理论模型的基础。

(2)模型评价。

模型评价用拟合优度来度量,它是指数据得出的模型的参数值与理论模型的参数值之间的吻合程度。在证实性分析中,对于一个模型来说,存在模型的真正总体协方差、估计总体协方差、样本协方差和估计协方差,因而,一个特定模型存在四类差异——整体差异、近似差异、估计差异和样本差异,模型拟合优度就是评价一个特定模型的差异程度。一般来说,主要从三个方面进行模型拟合优度评价(郭志刚,1999)。

①模型的总体拟合程度。常用的拟合指标有:a.拟合优度的卡方检验(χ^2 goodness-of-fit test),χ^2 越小越好,但卡方值与样本规模相关联,常常不能很好地判定模型的拟合情况。b.卡方值与自由度之比,这是直接检验样本协方差矩阵和估计协方差矩阵间相似程度的统计量,理论期望值为 1,其值小于 2,则可以认为模型拟合较好,小于 3 也可以接受。c.拟合优度指数(goodness-of-fit index,GFI)和调整的拟合优度指数(adjusted goodness-of-fit index,AGFI),它们的值都在 0 到 1,

当大于 0.9 时,一般认为模型拟合观测数据,它们与样本规模有一定关系。d.近似误差的均方根(root mean square error of approximation,RMSEA),小于 0.06,说明模型拟合很好,若为 0.06~0.08,表示模型拟合较好。对于卡方值的显著水平 P,一般要求大于 0.05,即统计上应该是不显著的。但 P<0.05,并不能说明模型拟合不好,因为卡方值受样本规模影响,如果其他评价指标显示较好,则说明模型仍然拟合得不错。

②比较拟合指数(comparative fit index)。常用的拟合指标有 Bentler 和 Bonett 提出的规范拟合指数(Bentler-Bonett normed fit index,NFI)、Bentler 提出的比较拟合指数(comparative fit index,CFI)、波伦(Bollen)提出的递增拟合指数(incremental fit index,IFI)、Tucker-Lewis 指数(TLI)。它们是从设定模型(specified model)的拟合(或是用拟合函数,或是用卡方值)与独立模型(independence model)的拟合之间的比较中取得的,不随样本容量的大小而变化,其值都在 0 至 1 之间,当大于 0.9 时,一般认为模型拟合观测数据。

③模型简化性拟合优度指标。常用的拟合指标有 Akaike 信息标准(Akaike information criterion,AIC),其值越小就说明模型越简约并拟合得很好(小到什么程度最好并没有明确界限)。拟合度指数优良只是判定模型可接受程度的一个指标,要真正确定一个模型则要看理论在多大程度上能够解释模型。如果说拟合度指数判别是定量分析,那么理论说明则是定性分析。决定一个模型是否可接受常常是定性与定量分析的结果。

4.3.4　统计分析程序

首先,本书使用 SPSS15.0 软件包对模型各要素进行了因子分析,确定了最后的要素构成,然后对模型各要素的均值、标准差以及相关系数进行统计分析,得出模型的描述性统计值。

其次,采用 Mplus5.0 软件包进行结构方程分析,提出模型拟合优度值,并进行路径系数分析。Mplus5.0 软件包是近年来国际上普遍使用的软件,它面向对象的界面设计能让使用者方便地进行模型运算并随时显示模型的各种参数。本书将运用 Mplus5.0 软件包确定最终的结构方程模型检验变量间的直接影响关系的显著性,以此对相关假设进行验证。

最后,使用 SPSS 软件,分别对联盟治理结构选择影响的内生因素采用层级逻辑回归、对合同复杂度的影响因素采用层级线性回归分析,并对联盟范围控制与联盟技术模块化的调节效应进行研究。

由于本书是依托交易成本理论、资源基础理论和实物期权理论在联盟效率边界问题中的探索性研究,设计和采用的指标评价体系具备较为充实的理论基础和文献参考。因此,本书将模型中各种假设关系检验的置信度设置在 0.05 的水平之上,以增强所得到的研究的有效性和解释力。

4.4　样本调查

4.4.1　问卷设计与指标选择

问卷是影响到本书研究结论最重要的工具。问卷设计的优劣、内容结构的信度和效度、指标选取的适用性等都直接关系着本书最终的研究价值,所以问卷设计的重要意义是不言而喻的。基于先期重庆市自然科学基金课题"竞争性企业战略联盟合作效应的数量模型研究(2005—2007)",笔者从 2006 年年初就开始着手准备关于竞争性联盟合作效应与效率边界的问卷设计工作,首先确定研究的主要内容,然后根据相关文献构建指标体系、设计问卷,再通过预测试、小样本测试、探索性因子以及信度效度检验等手段对问卷进行修订,于 2007 年生成了最终的、用于收集本书所需数据的大样本问卷,并直接服务于本书所依托的国家自然科学基金课题"竞争性战略联盟的合作效应与效率边界研究(2007—2009)"。可以说,问卷本身也是本课题和本书的重要贡献之一,对将来该领域内相关问题的研究具有一定的借鉴意义。

设计问卷首先要确定本书实证研究所涉及的主要内容,如竞争性联盟交易属性、资源特征、能力特征等,然后通过查阅所有能收集到的国内外相关文献,找出影响这些主要指标的因素,对它们进行分类汇总与提炼,再剔除关系不大或者代表性较低的因素,并补充理论上比较重要的变量,通过小样本测试的结果来决定其取舍,最后经反复讨论研究确定大样本问卷。

（1）问卷设计的原则。

为保证问卷的合理性和完善性，问卷设计要从统计分析的角度去进行。

①选择一个合适的总体是非常重要的。研究者要确定是用单一产业或多个产业的企业，还是用混合型的企业作为研究主体。本书针对多个行业中有过联盟经历（包括以前参与过和现在正在参与联盟）的企业进行了调查。

②样本大小的设定是十分关键的。为使研究更具有效性，本书拟定的有效问卷不少于170份。

③问卷的长度对于问卷反馈率有重要影响。通常问卷越长回收率越低。就构建组分的指标数目而言，其指标数应尽可能少，但必须大于2。根据研究的需要尽可能使问题通俗易懂，长度和指标数适中。

④Likert量表的分点数。一般在进行Likert量表分点数的确定工作时，应十分小心谨慎。随着量表分点数的增加，问卷可靠性也在逐渐增加；但当分点数高于5之后，由于刻度过小而评分人不易分辨，问卷可靠性的增加比率相对较小。本书采用5刻度的原因主要有：

第一，本书收集的有关战略合作的实证研究文献大多采用5刻度（Lyles，1996；Aulakh et al.，1996；Sarkar et al.，1998；王龙伟 等，2003）；

第二，本书进行的是探索性实证研究，5刻度已经可以说明问题；

第三，5刻度比7刻度简单一些，便于受访者填答问卷。Likert 5刻度评分法是对每个问题给出五个描述性刻度（1,2,3,4,5），其中1表示被调查人对问题陈述完全不同意，5代表"完全同意"，2~4表示同意的趋向程度逐渐增强（2表示基本不同意，3表示无所谓即不同意也不反对,4 表示基本同意)。

⑤问卷中量表、指标的编排顺序。就这个问题而言,学者们是各行其是。一些研究者认为指标随机地安置将会获得有效的结果,因为回答者在回答不同主题的问题时是逐个回答而不是逐组回答。相反,其他学者则声称问卷的编排应遵循逻辑的顺序以助于回答者更容易完成问卷。本问卷是按照一定的逻辑顺序分类设置问卷结构的,而每一类的指标是随机排列的。并且,同类指标中还设计了反向指标以区分问卷填写是否真实。

(2)指标选择。

尽管目前关于竞争性战略联盟的研究取得了较好的成果,但是国外相关的实证研究相对较少且结论缺乏统一性,并且我国企业合作的社会背景、竞争环境和国外企业有着很大差别,本书指标体系的建立缺乏成熟的理论基础可借鉴。因此,本书不能简单照搬国外的结构,而是结合我国企业的实际发展水平,在对国内外有关理论进行研究的基础上,借鉴有益的成功经验,编制了《关于同行竞争性企业合作关系的调查问卷》(见附录 A)。首先通过对小样本问卷数据进行探索性因子分析和一致性信度分析,在对初始问卷指标体系进行修正之后,形成了更符合本书目的和实际研究对象的指标项;然后再以此形成大样本问卷,通过对大样本数据的信度分析和因子分析之后,形成正式的指标体系。这个过程旨在使整个问卷的指标体系更为科学严谨,有助于在假设检验和深入分析中得到有价值的研究结论。

①因变量及其指标选择。

a. 竞争性联盟的治理结构。

目前大多数关于战略联盟结构的研究使用的分类法是契约联盟

和股权联盟(Teece,1992)。其中合约式结构可以进一步细分为单边合约与双边合约模式,股权式结构可以划分为单边持股、相互持股及合资企业三种类型(Das and Teng,1999;Oxley,1997)。考虑到本书研究的竞争性战略联盟主要以契约联盟和少数股权联盟为主,极少涉及合资企业,因此仍然采用经典的契约联盟和股权联盟分类标准。

其中,契约联盟包括单边和双边联盟,股权联盟包括其余类型。因此,构建出 0(契约联盟)和 1(股权联盟)两种分类变量来研究治理结构选择问题。

b. 竞争性联盟的合同复杂度。

合同是重要的联盟治理机制,而合同的属性也有多种分类标准,Joskow(1988)从合同维持的时间期限来刻画了合同特征,Mueller 和 Geithman(1991)则从许可协议所限制的领域刻画了合同特征;Lafontaine(1992)是从预付费用及特许经营协议的专利费率来研究的;Poppo 和 Zenger(2002)认为应该研究合同的特定条款,而不是依靠复杂合同的整体加权指标;Jeffrey(2007)全面地探讨了合同复杂性的维度。

目前,普遍使用的合同复杂度算法是利用加权平均的方法计算出几种重要的合同特征的取值,这种方法较为精确地反映了合同复杂度,然而极易受权重的影响。因此,本书采用 Ryall 和 Sampson(2003)提出的契约条款,对其依次用数字 1 至 5 进行量化处理。

②自变量及其指标选择。

a. 交易属性。

联盟的资产专用性刻画采用 Anderson 和 Weitz(1992)的量表,通过评价投入的专用性人员、专用性资产、终止合作后投入资源的重新

157

配置难度和解散合作后原投入资源可收回程度四项指标,对其依次用数字 1 至 5 进行量化处理。

伙伴不确定性刻画采用 Hongmin cheng(2003)的量表,通过评价在合作中伙伴投入程度的难易和合作中投入资源被对方另做他用的可能程度两项指标,对其依次用数字 1 至 5 进行量化处理。

b. 资源与能力特征。

资源特征采用资源的价值性、稀有性、不可模仿性、组织可利用性(Das and Teng, 2000)以及资源渗透性(迈克尔·Y.吉野 等, 2007)五个指标进行刻画,对其依次用数字 1 至 5 进行量化处理。

联盟能力采用联盟协调能力、联盟沟通能力和联盟凝聚力三个指标进行刻画(Scahreiner et al.,2009),对其依次用数字 1 至 5 进行量化处理。

c. 期权因素。

联盟的外生不确定性,将重点考察竞争性联盟对于市场风险(Cristina and Carlos, 2004)的影响,并利用需求不确定性(消费者偏好变动快)、技术不确定(技术更新速度快)和竞争不确定性(竞争对手的竞争策略变化速度快)三种不确定性特征进行刻画,对其依次用数字 1 至 5 进行量化处理。

本书借鉴 Kogut(1991)的思想,认为竞争性战略联盟的短期绩效是联盟治理结构决策的一种市场信号,具有看涨期权价值,能够在一定程度上预测联盟治理结构的调整。其评价指标体系主要体现为短期的经济绩效指标,选取了盈利水平(李忠云, 2005)、利润水平、市场份额(Dussauge et al., 2004)这三个观测指标进行测量,对其依次用数字 1 至 5 进行量化处理。

d. 机会主义风险。

本书将重点考察联盟内部的机会主义风险,包括:专业化分工、企业较长时期将某些细分功能部门闲置或关闭,而可能导致的能力丢失风险;对伙伴形成的显著的依赖性风险(杜尚哲 等,2006);核心资源暴露而被伙伴所模仿学习、窃取转移等所导致的竞争优势弱化风险(Zineldin,2004);由于向联盟投入专用性沉没资产而可能产生的受伙伴要挟(敲竹杠)风险(Reuer and Arino,2007;聂辉华和李金波,2008);相互推托任务导致工作效率低下等方面的风险,对其分别用数字 1 至 5 进行量化处理。

e. 潜在竞争优势。

在潜在竞争优势的刻画上,本书采用企业管理人员对联盟中长期绩效的主观评价,根据文献和企业实地访谈反馈,选取了管理能力、创新能力和竞争地位提升(Zineldin,2004)三个指标作为具体的评价指标,对其分别用数字 1 至 5 进行量化处理。

f. 范围控制。

范围控制根据 Oxley 和 Sampson(2004)的研究设计,用联盟总体战略、知识管理和联盟职能这三个方面共计四项指标来反映联盟的横向范围控制,对其依次用数字 1 至 5 进行量化处理。

g. 技术模块化。

模块化采用林文宝(2001)和 Tiwana(2008)研究中技术模块化的四项指标,反映联盟交易的技术模块化程度,对其依次用数字 1 至 5 进行量化处理。

综上,本章在用实证方法研究竞争性战略联盟的效率边界影响因素时,所采用的主要变量及其观测指标的维度设计可以用表 4.1 表示。

表 4.1　变量及其描述指标

变量	维度	代码	描述指标
联盟边界	治理结构	GS	契约联盟,GS=0;股权联盟,GS=1
	合同复杂度	CC1	定期报告所有相关交易
		CC2	及时书面记录违背合作协议的事项
		CC3	使用或涉及专有的信息或资源需签订保密条款
		CC4	协议结束后不能继续使用其专有信息或资源
		CC5	协议包括完整的终止条款
交易维度	资产专用性	AS1	投入了大量的专门性人力和资产
		AS2	终止合作后重置资源到其他用途的难度
		AS3	解散合作后原投入资源的不可收回程度
	伙伴不确定性	PU1	评估合作伙伴努力程度的难度
		PU2	伙伴之间的交易频率＊(逆向)
资源与能力特征	资源属性	RS1	投入联盟的资源具有价值性
		RS2	投入联盟的资源具有稀有性
		RS3	投入联盟的资源具有不可模仿性
		RS4	投入联盟的资源可以被企业利用
		RS5	投入联盟的资源具有渗透性
	能力特征	AC1	在联盟中具有良好的协调能力
		AC2	在联盟中具有良好的沟通能力
		AC3	在联盟中具有良好的凝聚能力

表4.1(续)

变量	维度	代码	描述指标
期权因素	外部不确定性	EU1	行业中的消费者偏好变化速度很快
		EU2	行业中技术更新速度很快
		EU3	行业中其他对手的竞争策略多样且变化速度快
	期权价值	OV1	利润水平显著增长
		OV2	盈利能力显著提高
机会主义风险	机会主义风险	OT1	企业丧失了某些业务或技术能力
		OT2	企业原有竞争优势被弱化
		OT3	企业对伙伴产生了很强的依赖性
		OT4	企业被伙伴敲竹杠
		OT5	合作双方之间相互不信任
潜在竞争优势	潜在竞争优势	CA1	管理水平显著提高
		CA2	创新能力显著提高
联盟范围	联盟范围控制	SC1	联盟与母公司在合作业务中的地位和角色有清楚的界定并严格区分
		SC2	对地理、客户、商标等会展示给伙伴的具体经营内容有严格的规模和程度考虑
		SC3	有职能部门严密控制合作信息和知识分享的程度
		SC4	严格限制对方访问战略、市场销售、技术性知识
模块化	技术模块化	TM1	合作涉及的技术(产品)可以分解为多个模块(模具或组件)
		TM2	各模块之间有稳定的标准化接口
		TM3	各模块已经高度标准化
		TM4	不同模块的开发由相应的独立部门(公司)进行

③控制变量及其指标选择。

控制变量采用行业(IND：industry)、外资(FOR：foreign)和企业规模(SIZE)。合作范围属于传统行业，则 IND＝0，属于高新技术行业，则 IND＝1；合作双方中没有涉及外资时，FOR＝0，涉及外资时，FOR＝1；企业规模为小型(人数 100 人及以下)时 SIZE＝0，中型(100 人以上 500 人以下)时 SIZE＝1，大型企业(500 人及以上)时 SIZE＝2。

4.4.2　问卷预测试

为保证问卷内容的有效性，我们邀请了战略管理、市场营销等领域的学术专家对初始问卷进行了预先测试。在测试过程中，我们请专家们对问卷中使用的定义、指标提出自己的意见，并根据意见对有歧义的指标进行修改，对不认同的指标予以删除，并酌情增加了某些指标。此外，还邀请和走访了几家与同行对手建立了合作关系的企业经理，请他们对问卷进行了评价，并就指标的增加、删减、修正等方面提出了许多宝贵意见，从而提高了指标描述的简洁性并消除了词语歧义。进行内容修正之后的问卷，将用于小样本测试。

4.4.3　小样本调查

为保证本问卷指标的有效性和可靠性，问卷调查分为小样本问卷调查和大样本问卷调查两个阶段进行。第一阶段工作通过探索性因子分析和可靠性分析等方法对假设中所采用的基础变量的指标和维度进行调整，寻求基本的因子结构，并形成用于第二阶段大样本调查的正式问卷。

本研究团队于 2006 年 3—4 月在重庆市范围内发放问卷 200 多

份,以收集小样本。发放对象包括多个行业的国有、合资、集体、民营企业等,如西南铝业集团有限公司、西南药业股份有限公司、重庆移动通信有限公司、华邦制药股份有限公司等。最终收回问卷 165 份,进行分析处理后,确定有效问卷 120 份(多为制造业和 IT 业)。

接下来用 SPSS 软件包进行因子分析、相关分析,检验问卷设计的合理性。经过小样本测试中的探索性因子分析,基本确定了交易属性、资源特征、机会主义风险、潜在竞争优势等主要潜变量的因子结构,问卷的可靠性与有效性基本得到肯定。然后根据分析结果对各项指标体系进行适当修正,删除一些不显著的变量,并根据实际情况和文献查询,对指标体系进行局部性改进,最终形成大样本问卷。

4.4.4　大样本调查

本研究团队从 2007 年 9 月至 2010 年 3 月,以重庆、深圳、成都、北京、广州为主,辐射其他重要城市,进行了较大范围内的正式调查,调查企业包括国有、合资、集体、民营等多种企业类型,调查行业以制造业、IT 业为主,具体涉及汽车、家电、机械、电子、通信、制药、冶金等,其余还包括金融、商贸物流、建筑及房地产等第三产业企业。

在正式调研阶段,由于对样本中技术联盟的限制,本书采取了多种方式收集样本:①选自深圳、重庆、成都等高新技术产业开发区企业的实地调研问卷,行业涵盖生物制药、电子元件、新材料、信息技术等领域,每个企业为一个样本。②向学院 MBA、EMBA 学员进行了问卷发放和回收,严格限制所属行业是高新技术企业。③同时以走访企业或参加行业博览会等方式对高新技术企业类的问卷进行了实地回收。

研究过程中的控制原则是:

①调研的行业根据研究尽可能涉及高新技术行业(主要包括生物制药、信息技术、新材料等)。

②技术交换或研发涉及知识资本、知识资产和法律意义的知识产权三个层次。

③由于企业合作是企业战略性问题,因此在发放问卷的过程中,问卷填写人对问卷质量的影响较大,因此,建议由对企业的合作情况非常熟悉的人来填写,所以,调查对象绝大部分是企业的负责人,包括董事长、董事、总经理、副总经理、投资管理部部长,以及了解合作情况的财务人员、市场人员等。

④若企业目前涉及多项合作,则以与技术合作最相关的项目作答。

本次调查共发放问卷1 200多份,收回问卷420份,问卷回复率为35%。

在对收回问卷的筛选中,本书从多个角度对问卷有效性进行了判断,以剔除无效问卷,保留有效问卷:

①如果问卷填写人的职务与企业合作内容相关程度不高,则此问卷为无效问卷。

②由于本书研究的是对手间的合作,因此只有合作成员处于相同行业、具有直接竞争关系的合作才能够被纳入分析,而那些纵向合作关系则予以剔除。

③合作时间在1年以内的合作,由于时间较短,合作的很多效果还不明显,问卷的可靠性、有效性程度较低,这些问卷也被视为无效问卷。

④对回答各个指标问题、对选项的选择明显带有规律性,或者对

从正反两个方面提问的同一内容的问题答案自相矛盾的问卷,也判别为无效问卷,进行了剔除。

根据上述判别标准经分析处理后,共得到有效问卷 217 份,问卷有效率为 51.67%。问卷共设计 40 个问题项,根据结构方程方法对样本数量的要求(Hair et al., 1995),需要至少 200 个有效样本,所以有效问卷的回收数量达到了研究方法的要求。

4.4.5 样本的基本情况

根据 217 份有效样本,对参与竞争性战略联盟企业所属的行业类别、联盟类型进行描述性统计,可以了解该样本和竞争性战略联盟的一些基本情况。

①行业类别。

由于本书没有限定在某一个行业内进行,因此有必要对样本的行业分布进行说明。由表 4.2 可知,本书 217 个样本企业分布于十几个产业内,其中制造业(包括加工制造业以及消费品制造业)比例最高,占 51.2%;其次是 IT 产业,占 16.6%;此外,第三产业,如金融服务业、批发零售业等也有一定比例。被调查企业的合作伙伴大多数也属于制造业,占 64.5%。说明竞争性联盟在制造业以及高新技术产业中应用较为普遍。

表 4.2 样本企业所在行业类别统计

行业	样本数量	比例/%	累计比例/%
加工制造业	63	29.0	29.0
消费品制造业	48	22.1	51.2

表4.2(续)

行业	样本数量	比例/%	累计比例/%
IT产业	36	16.6	67.7
金融服务业	17	7.8	75.6
医药化工业	10	4.6	80.2
批发零售业	9	4.1	84.3
建筑房地产业	15	6.9	91.2
物流运输业	13	6.0	97.2
媒体服务业	4	1.8	99.1
其他	2	0.9	100
总计	217	100	

②企业所有制。

如表4.3所示,在研究样本中,被测企业控股股东的所有制性质分布方面,国有及国有控股企业61家,民营企业78家,外商及中外合资企业(含港澳台企业)36家,集体、私营等其他所有制性质的企业42家。所占比例分别为28.1%、35.9%、16.6%和19.4%。

表4.3 样本企业所有制性质统计

所有制性质	样本数量	比例/%	累计比例/%
国有及国有控股企业	61	28.1	28.1
民营企业	78	35.9	64.1
外商及中外合资企业 (含港澳台企业)	36	16.6	80.6
其他所有制企业	42	19.4	100
总计	217	100	

③合作体规模。

从合作体的规模来看,样本联盟的员工人数在 100 人以下的占总体的 25.8%;100~500 人的联盟所占比例最高,达到了 28.6%;501~1 000 人的联盟所占比例也比较高,达到 20.7%;1 001~5 000 人的联盟占比为 16.1%;5 000 人以上的占 8.8%(具体如表 4.4 所示)。

表 4.4　样本联盟的员工人数统计

员工人数/名	样本数量	比例/%	累计比例/%
100 以下	56	25.8	25.8
101~500	62	28.6	54.4
501~1 000	45	20.7	75.1
1 001~5 000	35	16.1	91.2
5 000 以上	19	8.8	100
总计	217	100	

从联盟的资金投入规模来看,总投资规模在 100 万元以下的联盟有 45 家;100 万~1 000 万(不含)的联盟有 82 家,企业占比最高、区间涵盖范围最大;投入规模为 1 000 万~5 000 万(不含)的联盟数量也比较多,达到了 53 家(具体如表 4.5 所示)。

表 4.5　样本联盟的资金投入统计

资金投入/万元	样本数量	比例/%	累计比例/%
100 以下	45	20.7	20.7
100~500(不含)	40	18.4	39.2
500~1 000(不含)	42	19.4	58.5

表4.5(续)

资金投入/万元	样本数量	比例/%	累计比例/%
1 000~5 000(不含)	53	24.4	82.9
5 000~10 000(不含)	21	9.7	92.6
10 000 及以上	16	7.4	100
总计	217	100	

4.5 分析与检验

4.5.1 因子分析及信度检验

因子分析及信度检验的逻辑顺序如下,首先进行因子分析的适合性判断,然后提取因子,最后检验信度。

①因子分析的适合性判断。

在进行因子分析之前,首先要对所有指标进行评价,看是否适合做因子分析,主要用 KMO 统计量和巴特利球体检验进行检验,检验通过后才允许采用主成分分析法进行因子提取。从表 4.6 所示的指标体系的 KMO 值以及巴特利球体检验情况可以看出,各组观测变量进行因子分析时的 KMO 值均大于 0.6,而且巴特利球体检验的卡方值较大,而 P 值小于 0.001,说明拒绝零假设,即相关矩阵不是单位阵,可以进行因子分析。所以,各组观测变量均适合进行因子分析。

表 4.6　信度分析

变量	条目数	CITC	Cronbach's Ahpha	因子载荷	方差解释	KMO（Barlett 检验）
CC	5	0.543~0.624	0.823	0.789~0.836	66.897%	0.817(***)
AS	3	0.510~0.675	0.891	0.779~0.901	71.545%	0.709(***)
PU	2	0.623~0.702	0.768	0.705~0.812	61.188%	0.836(***)
RS	5	0.539~0.668	0.812	0.794~0.835	62.584%	0.805(***)
AC	3	0.604~0.727	0.797	0.745~0.883	69.212%	0.828(***)
EU	3	0.587~0.691	0.819	0.689~0.841	63.284%	0.840(***)
OV	3	0.510~0.593	0.770	0.678~0.834	67.895%	0.812(***)
OT	5	0.611~0.684	0.805	0.747~0.802	80.330%	0.773(***)
CA	3	0.556~0.715	0.792	0.766~0.857	64.331%	0.728(***)
SC	4	0.564~0.722	0.801	0.655~0.829	70.127%	0.811(***)
TM	4	0.575~0.630	0.821	0.732~0.878	68.398%	0.834(***)

注:" *** "表示在 0.001 水平上显著。

②因子提取及信度检验。

因子提取主要是通过主成分分析法,根据特征值准则来确定因子个数,特征值大于等于 1 的主成分可以作为因子被提取。此外,因子累计解释的方差的比例也是确定因子个数时可以参考的指标,一般选取的因子数能使累计解释的方差比例达到 60%,说明所提取公因子的累计解释能力较强。

其中,从边界指标体系提取出一个因子,命名为合同复杂度,变量代码 CC(contract complexity),由 5 项指标构成,CITI(corrected item-total correlation)位于 0.543~0.624,Cronbach's Ahpha 系数为 0.823,因子载荷位于 0.789~0.836,方差解释为 66.897%。

从交易属性的指标体系提取出两个因子,分别命名为资产专用性和伙伴不确定性,变量代码分别是 AS(asset specificity)和 PU(partner uncertainty),分别由三项和两项指标构成,CITI 值分别位于 0.510 ~ 0.675 和 0.623 ~ 0.702,Cronbach's Ahpha 系数分别为 0.891 和 0.768,因子载荷分别位于 0.779 ~ 0.901 和 0.705 ~ 0.812,方差解释分别为 71.545% 和 61.188%。

从资源与能力特征的指标体系提取出两个因子,分别命名为战略性资源和联盟能力,变量代码分别是 RS(strategic resource)和 AC(alliance capability),分别由五项和三项指标构成,CITI 值分别位于 0.539 ~ 0.668 和 0.604 ~ 0.727,Cronbach's Ahpha 系数分别为 0.812 和 0.797,因子载荷分别位于 0.794 ~ 0.835 和 0.745 ~ 0.883,方差解释分别为 62.584% 和 69.212%。

从期权因素的指标体系提取出两个因子,分别命名为外部不确定性和期权价值,变量代码分别是 EU(external uncertainty)和 OV(option value),都分别由三项指标构成,CITI 值分别位于 0.587 ~ 0.691 和 0.510 ~ 0.593,Cronbach's Ahpha 系数分别为 0.819 和 0.770,因子载荷分别位于 0.689 ~ 0.841 和 0.678 ~ 0.834,方差解释分别为 63.284% 和 67.895%。

从机会主义风险指标体系提取出一个因子,命名为机会主义风险,变量代码是 OT(opportunistic threaten),由五项指标构成,CITI 值位于 0.611 ~ 0.684,Cronbach's Ahpha 系数为 0.805,因子载荷位于 0.747 ~ 0.802,方差解释为 80.330%。

从潜在竞争优势指标体系提取出一个因子,命名为潜在竞争优势,变量代码是 CA(competitive advantage),由三项指标构成,CITI 值位于 0. 556 ~ 0. 715, Cronbach's Ahpha 系数为 0. 792,因子载荷位于 0. 766~0. 857,方差解释为 64. 331%。

从联盟范围控制指标体系提取出一个因子,命名为范围控制,变量代码是 SC(scope control),由四项指标构成,CITI 值位于 0. 564 ~ 0. 722,Cronbach's Ahpha 系数为 0. 801,因子载荷位于 0. 655 ~ 0. 829,方差解释为 70. 127%。

从技术模块化指标体系提取出一个因子,命名为技术模块化,变量代码是 TM(technological modularity),由四项指标构成,CITI 值位于 0. 575~0. 630,Cronbach's Ahpha 系数为 0. 821,因子载荷位于 0. 732~0. 878,方差解释为 68. 398%。

4.5.2 效度检验

效度检验主要有三大类:内容效度、效标关联效度和建构效度(黄芳铭,2005)。在实证研究中讨论内容效度和建构效度较多,其中,建构效度又分为收敛效度和判别效度。

研究变量选取主要依据联盟治理相关领域的研究文献,从问卷的反馈情况来看,参与联盟管理的人员对问卷指标是认可的,他们觉得基本上反映了联盟管理的重要环节和影响因素,对联盟管理具有重要意义。因此,变量指标具有较高的内容效度。

在收敛效度方面,Fornell 和 Larcker(1981)提出可报告潜变量的复合信度(composite reliability,CR)和平均方差提取(average variance extracted,AVE)作为收敛效度的评判标准,AVE 值应该大于 0. 5,这意味着因子能够解释问题项 50% 以上的方差(喻冬梅 等,2006)。而 CR 则应超过 0. 8(Koufteros,1999)。此外,潜变量到观测指标的因子载荷应在 0.71 以上,个别项目信度大于 0.5(黄芳铭,2005)。至于判别效度,若潜变量 AVE 的平方根大于它们之间的相关系数(Fornell 和 Larcker,1981),则满足判别效度条件。收敛效度判定结果和指标的标准化载荷如表 4.7 和 4.8 所示。

表 4.7 收敛效度

变量	指标数	载荷	个别信度	AVE	CR
CC	5	0.724~0.861	0.566~0.736	0.678	0.818
AS	3	0.711~0.775	0.580~0.711	0.724	0.901
PU	2	0.773~0.844	0.605~0.712	0.683	0.879
RS	5	0.719~0.868	0.593~0.735	0.647	0.847
AC	3	0.723~0.828	0.545~0.783	0.690	0.834
EU	3	0.727~0.791	0.587~0.742	0.633	0.922
OV	3	0.746~0.793	0.578~0.734	0.716	0.910
OT	5	0.717~0.784	0.647~0.702	0.748	0.823
CA	3	0.726~0.815	0.588~0.757	0.651	0.894
SC	4	0.764~0.822	0.545~0.729	0.695	0.875
TM	4	0.705~0.830	0.612~0.691	0.637	0.883

表 4.8 指标的标准化载荷

变量	标准载荷	变量	标准载荷	变量	标准载荷
CC1	0.861	AC1	0.804	CA1	0.798
CC2	0.757	AC2	0.828	CA2	0.815
CC3	0.758	AC3	0.723	CA3	0.726
CC4	0.724	EU1	0.782	SC1	0.764
CC5	0.733	EU2	0.727	SC2	0.778
AS1	0.775	EU3	0.791	SC3	0.786

表4.8(续)

变量	标准载荷	变量	标准载荷	变量	标准载荷
AS2	0.739	OV1	0.759	SC4	0.822
AS3	0.711	OV2	0.746	TM1	0.705
PU1	0.844	OV3	0.793	TM2	0.830
PU2	0.773	OT1	0.784	TM3	0.774
RS1	0.794	OT2	0.780	TM4	0.801
RS2	0.719	OT3	0.759		
RS3	0.868	OT4	0.717		
RS4	0.807	OT5	0.772		
RS5	0.856				

收敛效度结果显示,各变量的 AVE 与 CR 均超过最低标准值,收敛效度条件满足。并且每项指标的因子载荷和个别信度都满足要求。判别效度的结果如表4.9所示,可以得出潜变量间的相关系数均小于其 AVE 的平方根,满足判别效度的要求。至此可以得出结论,本书所采用的量表以及因子分析结果是可靠并且有效的。

表 4.9 判别效度

	CC	AS	PU	RS	AC	EU	OV	OT	CA	SC	TM
CC	0.678a 0.823b										
AS	0.287c	0.724 0.851									
PU	0.232	0.240	0.683 0.826								
RS	0.301	0.284	0.321	0.647 0.804							
AC	−0.205	0.123	0.107	0.292	0.690 0.831						
EU	0.008	−0.158	0.062	0.126	0.098	0.633 0.796					
OV	0.325	0.243	0.046	0.287	0.312	0.125	0.716 0.846				

表4.9(续)

	CC	AS	PU	RS	AC	EU	OV	OT	CA	SC	TM
OT	0.228	0.308	0.235	0.274	-0.119	0.138	-0.161	0.748 0.865			
CA	0.269	0.115	-0.271	0.311	0.338	0.075	0.256	-0.241	0.651 0.807		
SC	0.143	0.238	0.241	0.157	0.252	0.091	0.184	0.283	0.124	0.695 0.834	
TM	0.087	0.263	0.219	0.210	0.239	0.077	0.131	0.302	0.107	-0.181	0.637 0.798

注:a 为对角线上变量的 AVE;b 为变量 AVE 的平方根;c 为对角线以外变量的相关系数。

5　竞争性战略联盟效率边界影响因素的实证研究

在对研究变量的测度进行讨论后,接下来开始正式分析效率边界与内生影响因素之间的路径关系。本章综合上述内容得出变量之间的直接影响、间接影响以及交互影响效果,从而较为深入地探讨竞争性战略联盟效率边界的变动机制问题。

5.1　相关分析

本书采用多项式逻辑回归模型对联盟的效率边界问题进行了分析。相对传统的其他统计分析,多项式逻辑回归模型的样本不需要服从正态分布,通过观测值计算出当前环境下每种模型成功预测的极大似然函数,在此基础上估计定性事件在每种模型中的成功概率。本书研究首先考察了交易属性对效率边界的影响,然后逐步分别考察增加资源特征、期权因素对效率边界解释力度是否有所提升。本书采用层级逻辑回归(hierarchical multinomial logistic regression analysis)和层级线性回归模型(hierarchical multiple regression analysis)进行了分析。

表5.1是变量的均值、标准差及相关矩阵。通过对变量进行中心化处理,相关矩阵中各自变量间没有明显的相关关系,不存在多重共

线性问题。资产专用性与股权治理、企业规模与研发合作、高新技术行业与技术不确定性具有一定相关度,但相关系数均小于0.4。

在初步的相关分析后,为了检测资源特征和期权因素各自增加效果(incremental effects),研究合同复杂度的影响因素时会采用层级多项式线性回归来进行分析。首先,在多重共线性(collinearity)的分析方面,资产专用性、伙伴不确定性、资源战略性、联盟能力、外部不确定性、期权价值、行业、外资和规模对合同复杂度的回归分析的容忍度(tolerance)值分别为0.979、0.908、0.862、0.875、0.831、0.877、0.921、0.898和0.933,都相当大;方差膨胀因子(VIF)值都小于10;条件指数(CI)值分别为5.638、7.246、7.673、8.065、12.431、12.782、16.025、18.368和19.670,都小于30;因此,自变量和控制变量之间并不具有多重共线性问题,可视作各自独立、没有共变关系的维度来进行回归分析。如图5.1所示,下面的研究分别采用两种独立的回归方法分析了影响因素对效率边界的作用。

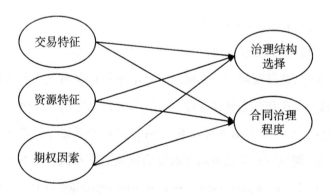

图5.1 影响因素与效率边界的概念模型

表 5.1　变量的描述性统计

变量	均值	标准差	1	2	3	4	5	6	7	8	9	10	11	12	13	14	15
GS	0.343	0.612	1.000														
CC	3.897	4.256	0.325**	1.000													
AS	3.155	3.454	0.434**	0.287*	1.000												
PU	2.831	2.621	0.263*	0.232*	0.240*	1.000											
SR	2.746	3.813	0.321**	0.301**	0.284**	0.321**	1.000										
AC	2.957	2.668	-0.199**	-0.205*	0.123	0.107	0.292**	1.000									
EU	3.179	6.157	-0.280*	0.008	-0.158	0.062	0.126	0.098	1.000								
OV	2.685	4.366	0.217*	0.325**	0.243*	0.046	0.287*	0.312**	0.125	1.000							
OT	2.738	5.239	0.445**	0.228*	0.308**	0.235*	0.274*	-0.119	0.138	-0.161	1.000						
CA	2.552	4.503	0.248*	0.269*	0.115	-0.271*	0.311**	0.338**	0.075	0.256*	-0.241*	1.000					
SC	3.382	1.410	0.197*	0.143	0.238*	0.241*	0.157	0.252*	0.091	0.184*	0.283**	0.124	1.000				
TM	3.895	1.592	0.168	0.087	0.263*	0.219*	0.210*	0.239*	0.077	0.131	0.302**	0.107	-0.181*	1.000			
IND	0.566	2.035	-0.223*	-0.201*	0.125	0.233*	0.309**	0.076	0.102	0.211*	0.243*	0.155	0.104	0.149	1.000		
FOR	0.387	0.674	0.356**	0.318**	0.276*	0.304**	0.327**	0.217*	0.146	0.186*	0.219*	0.201*	0.133	0.112	0.228*	1.000	
SIZE	1.132	2.601	0.265*	0.290*	0.287*	-0.128	0.206*	0.188*	0.073	0.092	0.336**	0.239*	0.081	0.079	0.207*	0.094	1.000

注：** 表示在99%的置信水平上相关性显著（双尾检验）；* 表示在95%的置信水平上相关性显著（双尾检验）。

177

5.2 层级回归模型

5.2.1 层级多项式逻辑回归分析

表 5.2 是层级多项式逻辑回归的结果。模型 1 在控制变量的基础上加入了联盟交易属性变量,模型 1 是显著的($p<0.10$)。资产专用性显著影响联盟在股权联盟和合资的选择中倾向于合资治理结构($p<0.10$);外资企业在股权联盟和合资的选择中倾向于合资治理结构($p<0.10$),在契约联盟和股权联盟的选择中倾向于契约联盟治理结构($p<0.10$);而规模较大的企业都倾向于更正式的控制手段,因而在股权联盟和合资的选择中倾向于合资治理结构($p<0.10$),在契约联盟和股权联盟的选择中倾向于股权联盟治理结构($p<0.10$)。

模型 2 在控制变量的基础上加入两种资源特征变量,模型 2 是显著的($p<0.10$)。其中资源的战略性显著影响联盟在股权联盟和合资的选择中倾向于合资治理结构($p<0.10$),联盟能力强的企业倾向于在股权联盟和合资的选择中选择合资治理结构($p<0.10$)。类似地,外资企业在股权联盟和合资的选择中倾向于合资治理结构($p<0.10$);而规模较大的企业都倾向于更正式的控制手段,因而会在股权联盟和合资的选择中倾向于合资治理结构($p<0.10$),在契约联盟和股权联盟的选择中倾向于股权联盟治理结构($p<0.10$)。

模型 3 在控制变量的基础上加入期权因素变量,模型 3 是显著的

（p<0.05）。其中外部不确定性显著影响企业在契约联盟和股权联盟的选择中倾向于契约联盟治理结构（p<0.05）；短期期权价值大的企业在契约联盟和股权联盟的选择中也倾向于选择契约联盟治理结构（p<0.10）。类似地，外资企业在股权联盟和合资的选择中倾向于合资治理结构（p<0.10），在契约联盟和股权联盟的选择中倾向于契约联盟治理结构（p<0.10）；而规模较大的企业都倾向于更正式的控制手段，因而在股权联盟和合资的选择中倾向于合资治理结构（p<0.10），在契约联盟和股权联盟的选择中倾向于股权联盟治理结构（p<0.10）。

模型4是在控制变量与联盟交易属性变量的基础上（模型1），加入资源特征到模型中，试图考察加入了资源与能力特征后对模型的影响。模型4是显著的（p<0.10）。资产专用性、资源战略性、联盟能力、外资企业和规模都显著影响联盟在股权联盟和合资的选择中倾向于合资治理结构（p<0.10）。

模型5考察期权因素变量与交易属性变量共同对模型的影响，它是显著的（p<0.05）。资产专用性的作用仍然显著，影响联盟在股权联盟和合资的选择中倾向于合资治理结构（p<0.10）；外部不确定性显著影响企业在契约联盟和股权联盟的选择中倾向于契约联盟治理结构（p<0.05）；短期期权价值大的企业在契约联盟和股权联盟的选择中也倾向于选择契约联盟治理结构（p<0.10）。控制变量的作用类似于模型3。

模型6考察资源与能力特征变量和期权变量共同对模型的影响，

它是显著的(p<0.05)。资源战略性、联盟能力、外资和规模都显著影响联盟在股权联盟和合资的选择中倾向于合资治理结构(p<0.10),但联盟能力、外部不确定性、期权价值和外资企业在契约联盟和股权联盟的选择中倾向于契约联盟治理结构(p<0.10)。而规模较大的企业在契约联盟和股权联盟的选择中倾向于股权联盟治理结构(p<0.05)。

模型 7 是完整的模型,同时考虑交易属性、资源与能力特征、期权因素和控制变量共同对模型的影响,它是显著的(p<0.05)。资产专用性、伙伴不确定性、资源战略性、外资和规模都显著影响联盟在股权联盟和合资中倾向于选择合资治理结构(资源战略性对应的 p<0.05,其他因素对应的 p<0.10)。而联盟管理、外部不确定性、期权价值和外资在契约联盟和股权联盟的选择中倾向于契约联盟治理结构(外部不确定性对应的 p<0.05,其他因素对应的 p<0.10)。而规模较大的企业在契约联盟和股权联盟的选择中倾向于股权联盟治理结构(p<0.05)。从模型的 Nagelkerke R^2 和正确预测比例来看,模型 7 中影响因素对模型解释力度最大,交易属性、资源与能力特征、期权因素和控制变量都是对联盟治理结构选择构成影响的重要因素。

表 5.2 联盟治理结构选择的层级多级多项式逻辑回归模型

VARIABLES	Model 1 Non-equity[a]	Model 1 JV[a]	Model 2 Non-equity[a]	Model 2 JV[a]	Model 3 Non-equity[a]	Model 3 JV[a]	Model 4 Non-equity[a]	Model 4 JV[a]	Model 5 Non-equity[a]	Model 5 JV[a]	Model 6 Non-equity[a]	Model 6 JV[a]	Model 7 Non-equity[a]	Model 7 JV[a]
AS	-0.109	0.144*					-0.112	0.158*	-0.096	0.151*			-0.126	0.175*
PU	0.105	0.086					0.092	0.108	0.103	0.113			0.087	0.137*
SR			0.091	0.163*			0.078	0.160*			0.097	0.201*	0.084	0.224**
AC			0.071	0.208*			0.107	0.192*			0.164*	0.223*	0.181*	0.119
EU					0.245**	0.074			0.257**	0.092	0.198*	0.087	0.266**	0.075
OV					0.190*	0.052			0.195*	0.068	0.211*	0.047	0.182*	0.056
IND	0.094	0.087	0.089	0.077	0.068	0.082	0.105	0.083	0.090	0.082	0.059	0.091	0.081	0.092
FOR	0.157*	0.183*	0.115	0.171*	0.148*	0.192*	0.099	0.187*	0.152*	0.174*	0.138*	0.171*	0.177*	0.163*
SIZE	-0.158*	0.208*	-0.161*	0.115*	-0.177*	0.168*	-0.083	0.164*	-0.119*	0.133*	-0.235**	0.165*	-0.248*	0.180*
CONSTANT	0.124*	-0.634*	-0.515*	-1.336*	-0.095*	-0.039*	-0.032*	-2.234*	-1.927*	-0.486*	-0.874*	-0.638*	-0.327*	-2.155*
NUMBER OF OBSERVATIONS	217		217		217		217		217		217		217	
CHI SQUARE	22.35*		29.87*		17.56**		40.05*		35.52**		32.08**		44.71**	
NAGELKERKE R^2	0.275		0.288		0.217		0.456		0.445		0.462		0.606	
PERCENT CORRECTLY CLASSIFIED	31.4		33.1		28.2		45.3		44.8		47.7		56.8	

注: * $p<0.10$, ** $p<0.05$; [a] equity alliance 是省略的模式。

5.2.2 层级多元线性回归分析

表5.3是层级多元线性回归的结果。

表5.3 联盟合同复杂度影响因素的层级多元回归模型

变量	Model 1	Model 2	Model 3	Model 4	Model 5	Model 6	Model 7
AS	0.109			0.113	0.110		0.097
PU	0.123*			0.102*	0.088		0.112*
SR		0.311**		0.290**		0.226*	0.231**
AC		0.012		-0.047		-0.036	-0.033
EU			0.226*		0.204*	0.187*	0.228*
OV			0.281*		0.287*	0.181*	0.233*
IND	-0.128	-0.097	0.054	-0.061	-0.076	-0.042	-0.027
FOR	0.234*	0.201*	0.155	0.211*	0.185	0.173*	0.246*
SIZE	0.181*	0.213*	0.083	0.152	0.089	0.177*	0.131*
F 值	23.371*	22.684**	32.011*	22.775**	42.948*	47.873*	60.966**
R^2	0.25	0.37	0.29	0.44	0.35	0.46	0.54
NUMBER OF OBSERVATIONS	217	217	217	217	217	217	217

注:* $p<0.10$; ** $p<0.05$。

模型1在控制变量的基础上加入了联盟交易属性变量,模型1是显著的($p<0.10$)。伙伴不确定性、外资属性和规模特征都显著导致高度的合同复杂度($p<0.10$)。

模型2在控制变量的基础上加入两种资源与能力特征变量,模型2是显著的($p<0.05$)。其中资源的战略性、外资属性和规模特征都显著导致高度的合同复杂度(其中,资源战略性对应的 $p<0.05$,其他因

素对应的 p<0.10)。

模型 3 在控制变量的基础上加入期权因素变量,模型 3 是显著的(p<0.10)。其中外部不确定性和期权价值显著地正向影响联盟合同复杂度(p<0.10)。

模型 4 是在控制变量与联盟交易属性变量的基础上(模型 1),加入资源与能力特征,试图考察资源与能力特征对模型的影响。模型 4 是显著的(p<0.05)。伙伴不确定性、资源战略性和外资属性都显著正向影响着联盟的合同复杂度(其中,资源的战略性对应的 p<0.05,其他因素对应的 p<0.10)。

模型 5 考察期权因素变量与交易属性变量共同对模型的影响,它是显著的(p<0.10)。外部不确定性和短期期权价值都显著正向影响着联盟的合同复杂度(p<0.10)。

模型 6 考察资源与能力特征变量和期权变量共同对模型的影响,它是显著的(p<0.10)。资源战略性、外部不确定性、期权价值、外资和规模特征都显著正向影响着联盟合同复杂度(p<0.10)。

模型 7 是完整的模型,同时考虑在交易属性、资源与能力特征、期权因素和控制变量方面对模型的影响,它是显著的(p<0.05)。伙伴不确定性、资源战略性、外部不确定性、期权价值、外资和规模特征都显著地正向影响着联盟合同复杂度(其中,资源战略性对应的 p<0.05,其他因素对应的 p<0.10)。

从模型的 R^2 来看,模型 7 中影响因素对模型解释力度最大,交易属性、资源与能力特征、期权因素和控制变量都是对联盟合同复杂度构成影响的重要因素。

综合上述回归分析,表5.4是效率边界影响因素的假设检验结果汇总。

表5. 4　效率边界的影响因素的假设检验结果

假设	研究结果	系数	意义	结论
H4. 1a	资产专用性→合资(股权联盟)	0. 175 *	概率	支持
H4. 1b	资产专用性→合同复杂度(正向)	0. 097	标准化系数	不支持
H4. 2a	伙伴不确定性→合资(股权联盟)	0. 137 *	概率	支持
H4. 2b	伙伴不确定性→合同复杂度(正向)	0. 112 *	标准化系数	支持
H4. 3a	资源战略水平→合资(股权联盟)	0. 224 **	概率	支持
H4. 3b	资源战略水平→合同复杂度(正向)	0. 231 **	标准化系数	支持
H4. 4a	联盟管理能力→契约联盟(股权联盟)	0. 181 *	概率	不支持
H4. 4b	联盟管理能力→合同复杂度(负向)	-0. 033	标准化系数	不支持
H4. 5a	外部不确定性→契约联盟(股权联盟)	0. 266 **	概率	支持
H4. 5b	外部不确定性→合同复杂度(负向)	0. 228 *	标准化系数	不支持
H4. 6a	短期期权价值→契约联盟(股权联盟)	0. 182 *	概率	支持
H4. 6b	短期期权价值→合同复杂度(负向)	0. 233 *	标准化系数	不支持

注:* $p<0.10$;** $p<0.05$;括号内的治理结构是概率比较的参照模式;正向表示正相关。

从表5.4可以看出,前文提出的12个关于竞争性联盟效率边界与其影响因素之间关系的假设中,假设4.3a、4.3b、4.5a结果非常显著,假设4.1a、4.2a、4.2b和4.6a也通过了检验,获得了实证数据的支持。这意味着:一方面,交易属性的两个方面——资产专用性和伙伴不确定性对治理结构选择存在显著的影响关系,资源与能力特征中的资源战略水平对治理结构选择存在显著的影响关系,外部不确定性和短期期权价值都对联盟治理结构选择存在显著的影响关系;另一方面,交易属性中的伙伴不确定性、资源与能力特征中的资源战略水平都对合同复杂度有着显著的正向作用。

假设 4.1b 和 4.4b 不显著,没有得到实证数据的支持。这意味着,交易属性中的资产专用性和资源与能力特征中的联盟管理能力与合同复杂度之间并不存在显著的相关关系。

假设 4.4a、4.5b 和 4.6b 尽管是显著的,但是与提出的假设并不吻合,甚至是相反的。假设 4.4a 认为当联盟管理能力越高时,竞争性战略联盟越倾向于选择合资(相对于股权联盟)或选择股权联盟(相对于契约联盟),然而实证发现联盟能力强的企业在契约联盟与股权联盟中倾向于选择前者,可能的解释是联盟能力强的企业能够更好地管理联盟活动,以至于简化监督和管理的机制。假设 4.5b 认为当外部不确定性越高时,竞争性战略联盟的合同复杂度越低,然而实证发现结论与之相反,可能的原因是外部不确定性过高时,企业对风险的关注比对灵活性价值获取更为重视,因此采用复杂的合同来防范风险。同样地,假设 4.6b 认为当短期期权价值越高时,竞争性战略联盟越倾向于简单的合同复杂度,实证发现相反的结论成立,即短期期权价值高,联盟倾向更复杂的合同复杂度,可能的原因如下:较高的收益导致企业需要通过强化联盟控制来确保占有相应的收益分成,并采用复杂的合同来保证实施效果。

总之,无论是什么原因,还是假设的成立与否,都毫无疑问地说明了现实中联盟的治理结构选择和合同复杂度受到了多种因素作用,并且其机理和变化非常复杂。

5.3 结构方程模型的路径研究

期权因素主要涉及两个方面,一是外部不确定性,二是短期期权价值。两个方面从某种意义上都属于企业不可控的外生因子,而本书关心的重点问题是边界的内生影响因素,因此,在下文联盟效率边界选择的路径研究中将不采用期权影响因素。

（1）内生影响因素部分建议的结构方程模型。

因子分析过后发现,在竞争性战略联盟中,交易属性、资源与能力特征、机会主义风险、潜在竞争优势以及边界之间的关系,可以通过图 5.2所示的结构方程模型来描述,这个模型体现了上述有关假设及概念,图 5.3 是本书边界的内生影响因素研究工作的建议模型。该建议模型表明:合作成员在联盟中的机会主义风险、潜在竞争优势与联盟的治理结构、合同复杂度之间存在直接影响关系,同时交易属性、资源与能力特征可能通过机会主义风险和潜在竞争优势对治理结构和合同复杂度产生间接影响。

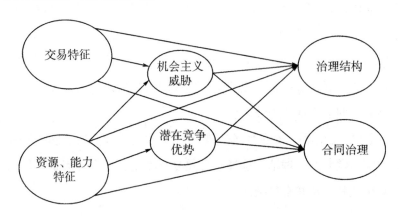

图 5.2　内生影响因素与效率边界的路径模型

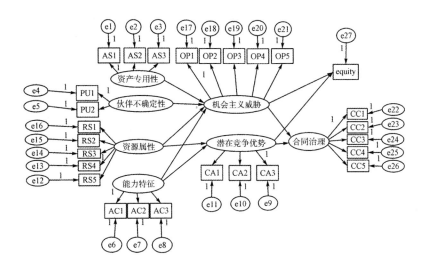

图 5.3 **内生影响因素与效率边界的建议结构方程模型**

(2)模型拟合。

使用结构方程模型分析软件 MPLUS5.0 对模型进行整体拟合优度分析,主要拟合指标结果如表 5.5 所示,模型拟合优度较高,说明该模型拟合得较好。

表 5.5 **路径模型的结构方程模型拟合优度**

拟合指标	模型估计	说明
χ^2(卡方检验)	176.712	
GFI(拟合优度指数)	0.878	接近于1,说明模型拟合较好
RMSEA(近似误差的均方根)	0.085	小于0.1,说明模型拟合较好
CFI(比较拟合指数)	0.921	接近于1,说明模型拟合很好
TLI(Tucker-Lewis 指数)	0.918	接近于1,说明模型拟合很好

(3)结果。

最终的结构方程模型、路径系数及检验的结果汇总如表 5.6 所示。

表 5.6　路径模型研究的假设检验结果

假设	路径说明	标准化路径系数	P	结论
H4.7a	资产专用性→机会主义风险	0.215*	0.032	支持
H4.7b	伙伴不确定性→机会主义风险	0.197*	0.016	支持
H4.8a	资源战略水平→机会主义风险	0.266**	0.008	支持
H4.8b	联盟管理能力→机会主义风险	−0.112*	0.029	支持
H4.9a	机会主义风险→股权联盟	0.169*	0.027	支持
H4.9b	机会主义风险→合同复杂度	−0.033	0.134	不支持
H4.10a	资源战略水平→潜在竞争优势	0.194*	0.043	支持
H4.10b	联盟管理能力→潜在竞争优势	0.431***	0.000	支持
H4.11a	潜在竞争优势→股权联盟	0.278**	0.006	支持
H4.11b	潜在竞争优势→合同复杂度	0.228*	0.019	支持

从表 5.6 可以看出,研究提出的 10 个关于竞争性联盟内生影响因素与效率边界之间路径关系的假设中,假设 4.10b 的相关关系非常显著,假设 4.8a 和 4.11a 在 99%的置信水平上相关关系显著,假设 4.7a、4.7b、4.8b、4.9a、4.10a 和 4.11b 在 95%的置信水平上相关关系显著。这些假设通过了检验,获得了实证数据的支持。这说明:一方面,联盟交易的资产专用性、伙伴不确定性和资源战略水平导致机会主义风险,而同时联盟管理能力降低机会主义风险,资源战略水平和联盟管理能力都对潜在竞争优势有促进作用;另一方面,机会主义风险倾向于形成股权联盟,但并非加强合同复杂度,潜在竞争优势倾向于形成股权联盟并提高合同复杂度。

但是假设 4.9b 没有得到实证数据的支持,未获得检验通过,可能的解释是:一方面,联盟合作业务所涉及的机会主义风险的水平与合同复杂度并不存在显著相关关系,原因在于治理结构和其他治理机制才是应对机会主义风险的主要手段;另一方面,合同复杂度的控制主要是针对联盟的收益,也就是对应潜在竞争优势的获取,这一点从假设 4.11b 可以看出。

总之,联盟的效率边界尽管受到诸多因素影响,然而内部因素的作用都可以看作是通过风险和收益两个大的方面对治理结构选择和合同复杂度构成影响,这再次验证了从风险的角度考虑治理问题的交易成本理论和从收益的角度考虑治理问题的资源基础理论的重要性。

5.4 其他因素的调节效应研究

为了分析联盟范围控制与技术模块化在内生因素对效率边界作用过程中的影响机理,需要引入调节变量对因子与边界之间的关系进行分析,以更好地解释效率边界的变动机制。

表 5.7 是竞争性联盟的治理结构选择的调节效应研究结果,为了简化问题集中关注联盟范围控制和技术模块化的调节作用,本书采用了层级二项式逻辑回归方法。

表 5.7　联盟治理结构选择的调节效应研究

变量	Model 1	Model 2	Model 3	Model 4	Model 5
AS	0.170*		0.210**	0.156*	0.239**
PU	0.165*		0.156*	0.147*	0.181*
SR		0.176*	0.133*	0.173*	0.145*
AC		-0.072	0.077	0.052	0.081

表5.7(续)

变量	Model 1	Model 2	Model 3	Model 4	Model 5
SC			-0.041	0.063	-0.078
TM			-0.091	-0.160*	-0.157*
AS×SC				-0.221**	-0.252**
PU×SC				-0.132*	-0.123*
SR×SC				0.278**	0.201*
AC×SC				-0.024	-0.069
AS×TM					0.128
PU×TM					-0.193**
SR×TM					0.180*
AC×TM					-0.043
IND	-0.154*	-0.059	-0.163*	-0.055	-0.060*
FOR	0.177*	0.135*	0.148*	0.271**	0.212*
SIZE	0.108*	0.150*	0.123*	0.183	0.219*
CONSTANT	-1.087	-0.815	-0.209	-1.032	-0.927
NUMBER OF OBSERVATIONS	217	217	217	217	217
CHI SQUARE	22.35*	29.87*	17.56*	40.05**	35.52**
NAGELKERKE R SQUARE	0.275	0.288	0.217	0.456	0.445

注: * $p<0.10$; ** $p<0.05$。

模型 1 在控制变量的基础上加入了联盟交易属性变量,模型 1 是显著的 ($p<0.10$)。资产专用性显著影响联盟在契约和股权联盟(包括合资)中倾向于选择股权治理结构($p<0.05$);伙伴不确定性显著影响联盟在契约和股权联盟(包括合资)中,倾向于选择股权治理结构($p<0.10$);高新技术行业倾向选择契约联盟,而外资和规模属性倾向

股权治理结构(p<0.10)。

模型 2 在控制变量的基础上加入两种资源特征变量,模型 2 是显著的(p<0.10)。其中资源战略性显著影响联盟在契约和股权联盟(包括合资)中倾向于选择股权治理结构(p<0.10);联盟管理能力显著影响联盟在契约和股权联盟(包括合资)中倾向于选择契约治理结构(p<0.10)。外资和规模属性作用同上。

模型 3 在控制变量的基础上加入所有非交互的独立变量,模型 3 是显著的(p<0.10)。模型 1 和 2 中出现的因素作用大致类似,联盟范围控制和技术模块化作用不显著。

模型 4 是在模型 3 的基础上,加入了联盟范围控制与其他独立内生因素的交互项,试图考察联盟范围控制中交易属性、资源与能力特征对联盟治理结构作用的影响。模型 4 是显著的(p<0.05)。联盟范围控制削弱了资产专用性对股权联盟的作用(p<0.05),也削弱了伙伴不确定性对股权联盟的作用(p<0.10);却加强了资源战略性对股权联盟的影响(p<0.05)。

模型 5 在模型 4 的基础上,加入技术模块化与其他独立内生因素的交互项,试图考察技术模块化中交易属性、资源与能力特征对联盟治理结构作用的影响。模型 5 是显著的(p<0.05)。技术模块化削弱了伙伴不确定性对股权联盟的作用(p<0.05),却加强了资源战略性对股权联盟的关系(p<0.10)。

表 5.8 是竞争性联盟合同复杂度的调节效应研究结果,回归采用了层级线性回归。模型 1 在控制变量的基础上加入了联盟交易属性变量,模型 1 是显著的(p<0.10)。内生因素中只有伙伴不确定性显著影响联盟合同复杂度(p<0.10)。模型 2 在控制变量的基础上加入

两种资源特征变量,模型 2 是显著的($p<0.05$)。其中资源战略性显著影响联盟合同复杂度($p<0.05$);联盟管理能力显著影响联盟在契约和股权联盟(包括合资)中倾向于选择契约治理结构($p<0.10$)。外资和规模属性作用同上。模型 3 在控制变量的基础上加入所有非交互的独立变量,模型 3 是显著的($p<0.10$)。模型 1 和 2 中出现的因素作用大致类似,联盟范围控制的作用不显著,但技术模块化倾向于降低联盟的合同复杂度。

表 5.8　联盟合同复杂度的调节效应研究

变量	Model 1	Model 2	Model 3	Model 4	Model 5
AS	0.109		−0.107	−0.120	−0.130
PU	0.123*		0.208*	0.199*	0.214*
SR		0.311**	0.243*	0.262*	0.225*
AC		0.012	0.067	0.044	0.038
SC			−0.041	−0.066	−0.057
TM			−0.191*	−0.182*	−0.174*
AS×SC				0.032	−0.063*
PU×SC				−0.155*	−0.169*
SR×SC				0.230**	0.202*
AC×SC				0.112	−0.060
AS×TM					−0.154*
PU×TM					−0.171*
SR×TM					0.208*
AC×TM					0.069
IND	−0.128	−0.097	0.054	−0.061	0.177*
FOR	0.234*	0.201*	0.155	0.241*	−0.063*

表5.8(续)

变量	Model 1	Model 2	Model 3	Model 4	Model 5
SIZE	0.181*	0.213*	0.083	0.152	0.089
F 值	23.371*	22.684**	26.168*	29.395**	37.265*
NUMBER OF OBSERVATIONS	217	217	217	217	217
R^2	0.25	0.37	0.39	0.42	0.46

注: * $p < 0.10$; ** $p < 0.05$。

模型4是在模型3的基础上,加入了联盟范围控制与其他独立内生因素的交互项,试图考察联盟范围控制在交易属性、资源与能力特征与联盟合同复杂度关系中的影响作用。模型4是显著的($p < 0.05$)。联盟范围控制削弱了伙伴不确定性对合同复杂度的作用($p < 0.10$);却加强了资源战略性对合同复杂度的影响($p < 0.05$)。模型5在模型4的基础上,加入技术模块化与其他独立内生因素的交互项,试图考察技术模块化中交易属性、资源与能力特征对联盟合同复杂度的影响作用。模型5是显著的($p < 0.10$)。技术模块化削弱了资产专用性和伙伴不确定性对合同复杂度的作用($p < 0.10$);却加强了资源战略性对股权联盟的影响($p < 0.10$)。因此,调节效应研究的假设检验结果汇总如表5.9所示。

表5.9　调节效应研究的假设检验结果

假设	研究假设	系数	结论
H4.12a	联盟范围控制对资产专用性与治理结构的关系具有显著的调节作用	-0.221**	支持
H4.12b	联盟范围控制对资产专用性与合同复杂度的关系具有显著的调节作用	0.032	不支持

表5.9(续)

假设	研究假设	系数	结论
H4.12c	联盟范围控制对伙伴不确定性与治理结构的关系具有显著的调节作用	-0.132^{*}	支持
H4.12d	联盟范围控制对伙伴不确定性与合同复杂度的关系具有显著的调节作用	-0.155^{*}	支持
H4.12e	联盟范围控制对资源战略水平与治理结构的关系具有显著的调节作用	0.278^{**}	支持
H4.12f	联盟范围控制对资源战略水平与合同复杂度的关系具有显著的调节作用	0.230^{**}	支持
H4.12g	联盟范围控制对联盟管理能力与治理结构的关系具有显著的调节作用	-0.024	不支持
H4.12h	联盟范围控制对联盟管理能力与合同复杂度的关系具有显著的调节作用	0.112	不支持
H4.13a	联盟技术模块化对资产专用性与治理结构的关系具有显著的调节作用	0.128	不支持
H4.13b	联盟技术模块化对资产专用性与合同复杂度的关系具有显著的调节作用	-0.154^{*}	支持
H4.13c	联盟技术模块化对伙伴不确定性与治理结构的关系具有显著的调节作用	-0.193^{**}	支持
H4.13d	联盟技术模块化对伙伴不确定性与合同复杂度的关系具有显著的调节作用	-0.171^{*}	支持
H4.13e	联盟技术模块化对资源战略水平与治理结构的关系具有显著的调节作用	0.180^{*}	支持
H4.13f	联盟技术模块化对资源战略水平与合同复杂度的关系具有显著的调节作用	0.208^{*}	支持
H4.13g	联盟技术模块化对联盟管理能力与治理结构的关系具有显著的调节作用	-0.043	不支持
H4.13h	联盟技术模块化对联盟管理能力与合同复杂度的关系具有显著的调节作用	0.069	不支持

注: * $p<0.10$; ** $p<0.05$。

从表5.9可以看出,前文提出的16个关于竞争性联盟内生影响因素与效率边界之间关系的调节效应假设中,假设 4.12a、4.12e、4.12f 和 4.13c 在95%的置信水平上显著,假设 4.12c、4.12d、4.13b、4.13d、4.13e 和 4.13f 在90%的置信水平上显著。这些假设通过了检验,获得了实证数据的支持。

在联盟范围控制方面,资产专用性、伙伴不确定性与治理结构的正向关系会被联盟范围控制削弱,资源战略性与治理结构的正向关系会被联盟范围控制加强;伙伴不确定性与合同复杂度之间的正向关系会被联盟范围控制削弱,资源战略性与合同复杂度之间的正向关系会被联盟范围控制加强。

在技术模块化方面,伙伴不确定性与治理结构的正向关系会被技术模块化削弱,资源战略性与治理结构的正向关系会被技术模块化加强;资产专用性、伙伴不确定性与合同复杂度之间的正向关系会被技术模块化削弱,资源战略性与合同复杂度之间的正向关系会被联盟范围控制加强。

但是假设 4.12b、4.12g、4.12h、4.13a、4.13g 和 4.13h 没有得到实证数据的支持,未获得检验通过。总的来说,调节效应研究证实了联盟范围控制和技术模块化各自都是特殊的、隐晦的联盟治理机制,在一定条件下可以起到与联盟治理结构和合同复杂度类似的效果,或者补充它们的不足,或者替代它们的部分作用。

5.5　本章小结

本章借助回归和结构方程模型方法,按照实证研究的要求和操作规范,进行了实证调研和检验工作。

首先,根据研究内容的要求检索和收集相关文献,在对文献进行细致研读的基础上提出主要观点并形成相关假设,然后根据假设设计问卷,通过对典型企业进行深度访谈改进问卷,然后进行大规模的问卷发放并获得有效的大样本,最后整理大样本数据并通过因子分析、回归分析、结构方程模型分析等方法,对所提出的假设进行检验,也即讨论竞争性战略联盟效率边界的内生影响因素与边界之间的关系以及其他影响因子的调节作用机制。分析与检验的结果是:

(1)在效率边界的影响因素分析方面:

①交易属性的两个方面——资产专用性和伙伴不确定性对治理结构选择存在显著的影响。②资源与能力特征中的资源战略水平对治理结构选择存在显著的影响关系。③外部不确定性和短期期权价值都对联盟治理结构选择存在显著的影响。④交易属性中的伙伴不确定性、资源与能力特征中的资源战略水平都对合同复杂度有显著的正向作用。

(2)在效率边界的内生影响路径分析方面:

①联盟的资产专用性、伙伴不确定性以及资源战略水平导致机会主义风险,而同时联盟管理能力会降低机会主义风险。②资源战略水平和联盟管理能力都对潜在竞争优势有促进作用。③机会主义风险

倾向于形成股权联盟,但并非加强合同复杂度。④潜在竞争优势倾向于形成股权联盟并提高合同复杂度。

(3)在效率边界内生影响因子的调节效应分析方面

①联盟范围控制:a.资产专用性、伙伴不确定性与治理结构的正向关系会被联盟范围控制削弱。b.资源战略性与治理结构的正向关系会被联盟范围控制加强。c.伙伴不确定性与合同复杂度之间的正向关系会被联盟范围控制削弱。d.资源战略性与合同复杂度之间的正向关系会被联盟范围控制加强。

②技术模块化:a.伙伴不确定性与治理结构的正向关系会被技术模块化削弱。b.资源战略性与治理结构的正向关系会被技术模块化加强。c.资产专用性、伙伴不确定性与合同复杂度之间的正向关系会被技术模块化削弱。d.资源战略性与合同复杂度之间的正向关系会被联盟范围控制加强。

6　结论

6.1　主要研究结论

为了对竞争性战略联盟这一新兴战略模式的效率边界进行较为系统与清晰的评价,并讨论其影响因素及变动机制,本书首先运用理论分析方法,提出了效率边界的理论模型,并细化为概念模型;然后借助从企业收集的现实数据,利用因子分析、回归和结构方程模型等方法,探讨了效率边界中总体变量之间的相互关系,并对所提出的相关经验假设进行了实证检验。

6.1.1　理论部分

在理论研究部分,鉴于竞争性战略联盟的治理具有高度复杂性,所以在对其效率边界进行评价时,首先,为提高研究内容的合理性以及研究体系的清晰度,依据效率边界的层次,本书把效率边界划分为治理结构(横向的宽度)和合同复杂度(纵向的深度)两部分。两部分不是独立的,而是交互影响的。因此,研究按照联盟治理的层次从联盟治理结构的边界层次到联盟合同复杂度的合作规模层次展开。其次,在效率边界的边界内容方面,本书将联盟的边界细化为联盟治理结构和合同复杂度这两部分,因为在由竞争对手组建的联盟中,合作成员间知识分享和联盟知识控制的平衡问题表现得尤为突出,而治理结构和合同复杂度是企业解决上述平衡问题,提高联盟绩效的重要正式治理机制。在以上分析的基础上,本书提出了对竞争性联盟效率边界进行综合评价的框架体系。

理论模型的研究部分,本书首先借助交易成本理论和资源基础理论分析了联盟治理选择问题,再借助竞争性航空联盟的具体案例进行了效率边界分析。然后通过回溯联盟效率边界相关的治理结构选择和治理机制的概念模型,最终提出三维的效率边界模型及效率边界变动机制。具体而言,着重解决了以下几个问题:

(1)定义了效率边界的概念:定义一项交易具体的资产专用性程度为 α,企业资源/能力累积程度为 β,企业灵活性程度为 γ,其他影响因素定义为 θ,则在三维的立体图中,定义联盟的效率边界为 $G(p)$,它是包含满足 F5 最优化条件下三个维度 $\alpha(p)$、$\beta(p)$、$\gamma(p)$ 的向量,这三个维度下对应的具体数值是 p 的最优联盟治理边界,即效率边界。

(2)刻画了效率边界的维度结构:本书在现有研究的基础上,将竞争性战略联盟的联盟治理结构与合同复杂度合并,组成了"效率边界"的维度。

(3)提出了效率边界的影响因素:本书将三维模型中三种理论对应的因素作为默认的影响因素,即交易属性(资产专用性和伙伴不确定性)、资源与能力特征(资源战略性和联盟管理能力)和期权因素(外部不确定性和联盟期权价值)。

（4）指出了效率边界内生影响因素间的路径关系：通过研究机会主义风险和潜在竞争优势对联盟效率边界的影响路径，深化对交易属性和资源与能力特征的影响作用分析。

（5）提出了效率边界的变动机制：定义由其他因素 θ 造成的三种维度的变化方向为

$$Hi = Sgn[\ \partial ai(p)/\partial p\ ]$$

$$= [\ \partial ai(p)/\partial p\ ]/\ |\ \partial ai(p)/\partial p\ | \in \{1, -1\}$$

其中，符号向量 H 有三个元素 H1、H2 和 H3。由于每一种符号元素都只有两种可能的值（1 和-1），因此对于 H 来说共有 $2^3 = 8$ 种可能性，集合 D 包含所有八种可能的值——$D \equiv \{(i,j,k)\ |\ i,j,k \in \{1, -1\}\}$。任何 $d \in D$ 都是影响效率边界发生变化的方向向量。其中，本书重点考察联盟范围控制和技术模块化两种内生影响因素对效率边界的影响，并由此归纳效率边界的变动机制。

6.1.2　实证部分

实证研究部分，分析与检验的结果是：

（1）在效率边界的影响因素分析方面：①交易属性的两个方面——资产专用性和伙伴不确定性对治理结构选择存在显著的影响。②资源与能力特征中的资源战略水平对治理结构选择存在显著的影响。③外部不确定性和短期期权值都对联盟治理结构选择存在显著的影响。④交易属性中的伙伴不确定性、资源与能力特征中的资源战略水平都对合同复杂度有显著的正向作用。

（2）在效率边界的内生影响路径分析方面：①联盟的资产专用性、伙伴不确定性以及资源战略水平会导致机会主义风险，而同时联盟管理能力会降低机会主义风险。②资源战略水平和联盟管理能力都对潜在竞争优势有促进作用。③机会主义风险倾向于形成股权联盟,但并非加强合同复杂度。④潜在竞争优势倾向于形成股权联盟并提高合同复杂度。

(3)在效率边界内生影响因子的调节效应分析方面。

①联盟范围控制:a. 资产专用性、伙伴不确定性与治理结构的正向关系会被联盟范围控制削弱。b. 资源战略性与治理结构的正向关系会被联盟范围控制加强。c. 伙伴不确定性与合同复杂度之间的正向关系会被联盟范围控制削弱。d. 资源战略性与合同复杂度之间的正向关系会被联盟范围控制加强。

②技术模块化:a. 伙伴不确定性与治理结构的正向关系会被技术模块化削弱。b. 资源战略性与治理结构的正向关系会被技术模块化加强。c. 资产专用性、伙伴不确定性与合同复杂度之间的正向关系会被技术模块化削弱。d. 资源战略性与合同复杂度之间的正向关系会被联盟范围控制加强。

6.2　本书的创新

6.2.1　效率边界的概念

本书提出了竞争性联盟效率边界的概念模型,形成了联盟效率边界评价的逻辑框架。

具体而言,在结构方面将效率边界划分为横向边界和纵向边界两部分,在内容方面将效率边界表达为治理结构与合同复杂度的集合体。通过对相关理论研究,本书提出了关于竞争性联盟效率边界的三维评价模型,直观地反映了在多种理论指导下,各因素对联盟最终的治理方式有重要影响作用。通过定义效率边界的概念[定义一项交易具体的资产专用性程度为 α,企业资源/能力累积程度为 β,企业灵活性程度为 γ,其他影响因素定义为 θ,则在三维的立体图中,定义联盟的效率边界 G(p),它是包含满足 F5 最优化条件下三个维度 α(p)、β(p)、γ(p)的向量,这三个维度下对应的具体数值是 p 的最优联盟治理边界,即效率边界],明确了效率边界作为一个多维度的结构,其概念的提出,使得联盟治理问题的解决和联盟管理活动有了可操作性指导。研究表明,这种分析思路能够形成较为清晰的理论研究模式,因此本书在理论研究方面具有一定的创新性。

6.2.2 效率边界的影响因素

本书在交易成本理论、资源基础理论和实物期权理论的基础上,提出了由交易属性、资源能力特征和期权三个方面构成的效率边界影响因素,并运用回归模型和结构方程模型检验方法对竞争性联盟效率边界的内生影响因素及路径进行了实证研究,得到了一些新的发现。

具体而言,在效率边界的影响因素分析中,本书采用整合三种主流理论的方法,综合讨论了影响因素的作用:①从交易成本理论的角度提出交易属性的两个方面——资产专用性和伙伴不确定性对治理结构选择存在显著的影响,伙伴不确定性对合同复杂度也有显著的正向作用。②从资源基础理论的角度提出资源与能力特征,发现资源战略水平对治理结构选择存在显著的影响,资源与能力特征中的资源战略水平对合同复杂度有显著的正向作用。③从实物期权理论讨论外部不确定性和短期期权价值,它们都对联盟治理结构选择存在显著的影响。

在此基础上,本书深入分析了效率边界的内生影响路径,从风险与收益平衡的角度指出机会主义风险和潜在竞争优势在影响因素对边界作用的过程中扮演的重要作用:①联盟的资产专用性、伙伴不确定性以及资源战略水平会导致机会主义风险,而同时联盟管理能力会降低机会主义风险。②资源战略水平和联盟管理能力都对潜在竞争优势有促进作用。③机会主义风险倾向于形成股权联盟,但并非提高合同复杂度。④潜在竞争优势倾向于形成股权联盟并提高合同复杂度。

研究表明,这种分析思路能够形成较为清晰的理论研究模式,并获得明确的研究结论,因此具有一定的创新性。

6.2.3　效率边界的变动机制

本书对效率边界的变动机理进行了理论研究,通过引入影响因素与效率边界之间的调节因子,采用回归模型实证探讨,归纳出效率边界的变动机制。

具体而言,首先从理论上提出了效率边界的变动机制:定义由其他因素 θ 造成的三种维度的变化方向为

$$Hi = Sgn\left[\ \partial ai(p)/\partial p\ \right]$$

$$=\left[\ \partial ai(p)/\partial p\ \right]/\left|\ \partial ai(p)/\partial p\ \right| \in \{1, -1\}$$

符号向量 H 有三个元素 H1、H2 和 H3。由于每一种符号元素都只有两种可能的值(1 和-1),因此对于 H 来说共有 $2^3 = 8$ 种可能性,集合 D 包含所有八种可能的值——$D \equiv \{(i,j,k)\ |\ i,j,k \in \{1, -1\}\}$。任

何 $d \in D$ 都是影响效率边界发生变化的方向向量。

然后,本书重点考察联盟范围控制和技术模块化两种因素对效率边界的作用,并由此归纳效率边界的变动机制。在效率边界内生影响因子的调节效应分析方面:

(1)联盟范围控制:①资产专用性、伙伴不确定性与治理结构的正向关系会被联盟范围控制削弱。②资源战略性与治理结构的正向关系会被联盟范围控制加强。③伙伴不确定性与合同复杂度之间的正向关系会被联盟范围控制削弱。④资源战略性与合同复杂度之间的正向关系会被联盟范围控制加强。

(2)技术模块化:①伙伴不确定性与治理结构的正向关系会被技术模块化削弱。②资源战略性与治理结构的正向关系会被技术模块化加强。③资产专用性、伙伴不确定性与合同复杂度之间的正向关系会被技术模块化削弱。④资源战略性与合同复杂度之间的正向关系会被联盟范围控制加强。

总之,本书对效率边界的变动机制从理论和实证两个方面进行了有益的探讨,在一定程度上提出了效率边界的变动机制,具有一定的创新性。

6.3 研究局限与研究展望

6.3.1 研究局限

(1)理论基础的局限。

竞争性战略联盟这一概念被引入管理研究领域始于 1996 年,伴随着 Brandenburger 和 Nalebuff 合著的 *Co-opetition* 一书的问世,而该书内所提及的竞合概念属于广义的,现今学者们所着力研究的竞合关系则是狭义概念,始于 2000 年。因此,学者们对竞争性战略联盟这一学术论题进行研究的时间还比较短,其理论基础也还不够充足(Bengtsson and Kock,2000a)。尽管资源基础理论、交易成本理论、实物期权等主流理论学派都从各自角度对竞合关系进行了一定程度的解释,但是相对于传统的一般性纵向联盟,竞争性战略联盟的理论基础体系还很不完善。

(2)理论假设的局限。

尽管本书尝试性地提出了一个包含竞争性战略联盟治理机制及其影响因素间关系的评价体系,表面上似乎形成了完整的概念性框架,并以此为依托发展验证了一系列研究假说。但是应该指出的是,竞争性战略联盟治理机制的高度复杂性以及动态演化性,导致竞争性联盟本身更多地表现为一种复杂的共生演化过程。事实上关于联盟的演化也恰恰是国际战略管理学界研究的重点,而由于研究能力与研究条件的限制,本书没有对此进行探讨和研究。

(3)数据调研的局限。

数据调研的局限主要是指在进行数据的收集与采样过程中,可能遇到的对于数据质量的影响。本书在此方面的局限主要表现为:

①填写回答问卷方面。一方面由于战略联盟属于企业重要的战略行为,本书所探讨的问题难免会涉及商业机密,因此,受访者在问卷的填写方面,可能会有所保留,因而会影响分析的准确性;另一方面,由于问卷较长、问题较多或者较为复杂,填答问题的高层管理者可能会有主观上的反感,从而会影响问卷的填写质量。

②样本选择方面。在行业选择方面,我们重点针对制造行业进行了调研与数据收集,这是因为竞争性战略联盟在国内主要集中在制造行业,如汽车制造、机械加工、家电等产业部门;同时还尽量关注了高技术产业,因为国外的竞合模式除了被应用于制造行业之外,高技术产业也正在积极推广这一战略模式。而其他行业收集的数据则比较少,所以样本的代表性更多地体现在少数一两个行业中,而不具有广泛的一般意义。在企业选择方面,尽管我们采取了参加行业博览会和网上随机抽样方法进行数据收集,但是效果并不理想。所以后来又借助 MBA 以及 EMBA 以及熟人相互介绍等采样方法进行了问卷发放与收集,这种方法会表现出一定的地域局限性,而且可能会导致对行业内的规模型企业的调研数据较少,从而缺失有行业影响力的典型竞争性战略联盟的样本数据,从而使数据对真实情况的反应能力受到影响。

③测量工具(问卷)方面。由于本书探讨的竞争性战略联盟效率边界、边界与其影响因素之间的相互关系较为复杂,涉及的变量较多,所使用的测量体系虽经文献研究而得,而且已经尽量涵盖各个重要的维度及变量,但仍可能存在纰漏与不完备之处,存在没有考虑到的问题。

④联盟伙伴方面。由于战略联盟涉及两个或更多个参与企业,在考察和测量联盟的风险、收益时,同时包含各个合作伙伴的观点的评价体系会更为合理。但是由于人力、物力等方面的限制,本书仅仅是站在某一方企业的角度对竞争性战略联盟的治理进行了评价,而没有体现联盟伙伴的意见与看法。

6.3.2 研究展望

为了突出重点和呼应主题,再加上研究条件以及篇幅的限制,本书对某些具有重要研究价值的问题没有进行研究。具体而言,下列几方面问题有待继续探讨:

(1)现有文献对竞争性战略联盟效率边界还没有形成成熟的指标评价体系,本书对边界及其影响因素的刻画还不完善。因此,如何恰当地对竞合关系产生的独特的边界问题进行评价,是值得深入研究的问题。作为一个对新兴研究领域开展的探索性研究,有必要首先对问题形成总体认识,因此本书着力从全局角度对竞合策略进行总体把握,而针对特定具体问题的深入细致的研究,还需要在将来继续探索。

(2)更为细致地识别效率边界的影响因素,并构建相应的评价指标体系。本书选用的各主要影响因素的含义较为广泛,因而虽然能够较好地体现系统性和完整性,但缺乏细致性和深入性,甚至会因为因子的含义过于广泛而使得研究结果稍显模糊,对结果进行解释时表现出了精确性不足这一弊端。例如对于资源特征的刻画,书中选用了资源战略水平这一因子,并借助资源的价值性、稀有性、不可模仿性、组织可利用性以及渗透性这五个观测指标对其进行测量,但是对于不同具体类型的战略性资源(如财务资源、技术资源、管理资源等),它们对联盟的结构模式选择、伙伴间风险、联盟绩效等变量的影响会有所不同,由于研究条件所限,本书并没有予以研究,有待今后的研究来完善。

(3)在路径分析的过程中,本书的研究体系涉及了两个中间变量,更深入的研究应该考虑采用中介效应分析,以确认变量的属性。并且这会涉及多个中介变量的问题,而多中介变量中介效应的检验、分析以及结果的讨论都较为复杂,尤其是对于交叉项的中介作用的解释更为明显,国内外相关领域的学者对这类问题的研究与探讨也很少。所以,一般情况下,学者们都尽量回避多个中介变量或者不讨论交叉项的生成原理与作用方式。因此,对于包含多个中介变量的因果路径分析、变量间相互影响的传导方式的研究需要进一步深入。

(4)从动态角度对竞争性战略联盟的效率边界进行研究,具体可以分为两部分内容:一是借鉴国外相关研究模式,从时间序列的角度考察"环境成长因素"的动态作用,建立环境因素与竞争性战略联盟效率边界的动态演进关系模式。在具体操作上,可以从实证出发,结合同周期的环境变量,对竞争性战略联盟效率边界的内容结构及其随时间变动规律做描述性统计,再用实证模型进行描述,寻找动态变动规律。二是从联盟内部角度,对竞合关系中合作伙伴的资源投入组合特征、合作动机结构、联盟结构模式选择、伙伴感知到的各种关系风险、获取的各种绩效表现等变量的变动进行动态跟踪与描述,从而探讨竞争性战略联盟内部治理机制的调整方向和演进规律。

参考文献

陈建勋,张婷婷,吴隆增,2009. 产品模块化对组织绩效的影响:中国情境下的实证研究[J]. 中国管理科学,17(3):121-130.

陈柳,2006. 模块化、信息包裹与研发风险的分散[J].科学学研究,24(1):112-116.

陈梅,2007. 企业战略联盟的期权博弈分析[J].南开管理评论,10(2):54-59.

陈梅,茅宁,2009. 契约型战略联盟的灵活性期权价值研究[J].南开管理评论,12(1):146-152.

陈小洪,马骏,袁东明,2007. 产业联盟与创新[M].北京:经济科学出版社.

陈一君,2003. 企业战略联盟的风险与防范[J]. 预测,22(2):38-41.

蔡继荣,胡培,2007. 基于生产组织模式选择超边际分析的战略联盟稳定性边界研究[J]. 中国管理科学,15(2):141-148.

党兴华,刘兰剑,蒋军锋,2006. 网络环境下合作技术创新界面与信息状态研究[J]. 科学学研究,(10):11-17.

杜尚哲,加雷特,李东红,2006. 战略联盟[M].北京:中国人民大学出版社.

郭志刚,1999. 社会统计分析方法:SPSS 软件的应用[M]. 北京:中国人民大学出版社.

和炳全,梅明君,2004. 企业"竞合"战略博弈[J]. 昆明理工大学学报(社会科学版),4(3):36-38.

胡颖,温晓俊,2004. 协同效应和市场势力:横向联盟与兼并的产业组织分析[J]. 市场周刊(财经论坛)3:105-106.

黄海波,2006. 基于竞争性战略联盟的伙伴技术合作效应的实证研究[D]. 重庆:重庆大学.

黄瑞华,苏世彬,2008. 合作创新中隐性知识转移引发的商业秘密风险主要影响因素分析[J]. 科研管理,1(1):74-79.

黄玉杰,万迪防,汪应洛,2008. 我国高新技术企业联盟治理结构选择的实证研究[J]. 管理工程学报,22(4):100-104.

姜黎辉,张朋柱,2006. 不连续性技术创新与企业网络合作能力关系研究[J]. 工业技术经济(7):57-65.

江旭,高山行,李垣,2009. 战略联盟的范围、治理与稳定性间关系的实证研究[J]. 管理工程学报,23(2):1-5.

江旭,高山行,李垣,2009. 战略联盟的范围、治理与稳定性间关系的实证研究[J]. 管理工程学报,23(2):1-6.

焦俊,李垣,2008. 基于联盟网络的企业知识获得和技术创新[J]. 研究与发展管理,20(1):104-109.

吉野,郎甘,2007. 战略联盟:企业通向全球化的捷径[M].雷涯邻,张龙,吴元元,译.北京:商务印书馆.

黎常,徐建伟,2009. 关系资本构建、学习机制与国际合资企业组织学习研究[J]. 科学学与科学技术管理(6):110-114.

李健宁,2004. 结构方程模型导论[M]. 合肥：安徽大学出版社.

李垣,陈浩然,赵文红,2008. 组织间学习:控制方式与自主创新关系研究:基于两种技术差异情景的比较分析[J]. 科学学研究,26(1)：199-204.

李健,金占明,2008. 战略联盟内部企业竞合关系研究[J]. 科学学与科学技术管理(6)：129-134.

李薇,龙勇,2009. 竞争性联盟内生合作效应的中介效应分析[J]. 科研管理,21(7):97-104.

李文达,2006. 竞争性战略联盟中企业竞争优势影响因素实证研究[D]. 重庆:重庆大学.

李忠云,2005. 技能型战略联盟合作效应与企业讨价还价能力变动机制研究[D].重庆:重庆大学.

廖成林、仇明全、龙勇,2008. 企业合作关系、敏捷供应链和企业绩效间关系实证研究[J]. 系统工程理论与实践(6)：115-128.

林文宝,2001. 技术知识整合、知识能量与组织学习对核心竞争力及创新绩效关联性之研究[D].台北:台湾成功大学.

刘大维,1999. 结构方程模型在跨文化心理学研究中的应用[J]. 心理学动态,17(1)：48-51.

刘婷,刘益,陶蕾,2009. 交易机制与关系机制对营销渠道企业间合作的作用研究[J]. 预测,28(4):28-33.

刘益,李垣,杜旖丁,2003. 基于资源风险的战略联盟结构模式选择[J]. 管理科学学报,6(4)：34-42.

刘志坚,2007. 产业集中及其绩效:对中国摩托车行业的研究[J]. 管理世界(3)：164-165.

刘益,李垣,杜旖丁,2004. 战略联盟模式选择的分析框架:资源、风险与结构模式间关系的概念模型[J]. 管理工程学报,18(3):33-37.

刘益,陶蕾,2007. 零售商对供应商的信任:控制机制使用和价值创造之间的关系研究[J]. 管理工程学报,21(1):61-66.

刘元芳,陈衍泰,余建星,2006. 中国企业技术联盟中创新网络与创新绩效的关系分析:来自江浙沪闽企业的实证研究[J]. 科学学与科学技术管理,(08):12-17.

龙勇,李忠云,张宗益,2006. 技能型战略联盟基于信任的知识获取和合作效应实证研究[J]. 研究与发展管理,18(5):36-43.

龙勇,李薇,2007. 竞争性双寡头的联盟绩效研究[J]. 中国管理科学,15(5):119-125.

龙勇,李薇,2008. 竞争性战略联盟中合作 R&D 效率的 DEA 分析[J]. 科研管理,29(4):76-81.

龙勇,罗芳,黄海波,2009. 竞争性联盟中关于技术合作效应的实证研究[J]. 科学学与科学技术管理,(10):31-37.

卢兵,岳亮,廖貅武,2008. 企业通过联盟进行隐性知识转移的三阶段模型[J]. 管理工程学报,22(1):16-23.

卢现祥,朱巧玲,2007. 新制度经济学[M]. 北京:北京大学出版社.

陆金伟,达庆利,陆鸿运,1999. 虚拟企业的特点及案例分析[J]. 管理工程学报,13(3):49-51.

聂辉华,李金波,2008. 资产专用性、敲竹杠和纵向一体化[J]. 经济学家(4):1-9.

彭本红,孙绍荣,沈运红,2006. 企业动态联盟的风险因素及评价研究[J].上海理工大学学报,28(1):39-43.

戚桂清,杨锡怀,2009.基于声誉的战略网络合作伙伴选择机制[J].预测,28(3)34-38.

秦斌.1998.企业战略联盟理论评述[J].经济学动态(9):63-66.

青木昌彦,2001.比较制度分析[M].周黎安,译.上海:上海远东出版社.

任剑新,2004.单一市场结构下横向联盟的市场绩效与规制[J].中国工业经济(2):42-47.

任声策,宣国良,2005.基于学习和能力互补动态的研发联盟稳定性研究[J].北京:中国管理科学,13(5):111-115.

史会斌,李垣,2008.基于资源保护和利用的联盟治理机制动态选择研究[J].科学学与科学技术管理(2):161-167.

史会斌,王龙伟,李垣,2009.企业家导向对联盟绩效影响的实证研究[J].管理学报,6(10):1368-1376.

司尚奇,冯锋,2009.基于共生网络的我国跨区域技术转移联盟研究[J].科学学与科学技术管理(10):110-125.

苏中锋,谢恩,李垣,2007.基于不同动机的联盟控制方式选择及其对联盟绩效的影响:中国企业联盟的实证分析[J].南开管理评论,10(5):4-11.

苏越良,2005.网络环境下合作技术创新风险[J].系统工程(4):135-139.

孙利辉,徐寅峰,李纯青,2002.合作竞争博弈模型及其应用[J].系统工程学报,17(3):211-215.

申继亮,王大华,彭华茂,等,2003.基本心理能力老化的中介变量[J].心理学报,35(6):802-809.

王栋,苏中锋,2009.联盟中的知识管理:控制机制的作用研究[J].科学学与科学技术管理(10):95-99.

王芳,赵兰香,2009.重大科技项目模块化创新管理方法研究:对美国国防采办管理方法的探析[J].科研管理,30(1):1-7.

王龙伟,王刊良,李垣,2003.关系激励管理对供求企业绩效影响的实证研究[J].中国管理科学.(3):84-90.

汪忠,2006.合作企业知识共享中知识流失风险对知识保护影响的实证研究[D].西安:西安交通大学.

温忠麟,侯杰泰,张雷,2005.调节效应与中介效应的比较和应用[J].心理学报,37(2):268-274.

温忠麟,张雷,侯杰泰,等,2004.中介效应检验程序及其应用[J].心理学报,36(5):614-620.

谢恩,苏中锋,李垣,2009.基于联盟风险的战略联盟控制方式选择[J].管理工程学报,23(3):1-5.

徐剑,步晓明,温馨,2008.基于风险防范的企业动态联盟伙伴选择方法[J].东北大学学报(自然科学版),29(5):753-756.

徐亮,张宗益,龙勇,等,2009.竞合战略与技术创新绩效的实证研究[J].科研管理,30(1):87-96.

韦铁,2006.基于中国东盟区域合作的技术创新网络的构建[J].工业技术经济(7):22-30.

肖小勇,2009.组织间知识转移实证研究[J].科学学与科学技术管理(7):117-122.

徐爱东,龙勇,2008.产品竞争与技术合作效应研究:基于中国移动和联通公司用户竞争演变的实证分析[J].中国软科学(1):116-124.

徐亮,张宗益,龙勇,2008.合作竞争与技术创新—合作是中介变量吗?[J]科学学研究,26(5):1105-1113.

徐亮,张宗益,龙勇,等,2009.竞合战略与技术创新绩效的实证研究[J].科研管理,30(1):87-96.

徐亮,龙勇,张宗益,等,2009.信任对联盟治理模式的影响:基于中国四联的案例分析[J].管理评论(7):121-128.

杨东,李垣,2008.公司企业家精神、战略联盟对创新的影响研究[J].科学学研究,26(5):1114-1118.

杨光,2009.高层人员的商业友谊与战略联盟的稳定性研究[J],科学学与科学技术管理(2):177-179

于冬,刘则渊,梁永霞,2007.国家创新网络系统建设与企业产品合作创新[J].科技管理研究(4):109-103.

尹建华,王兆华,2008.模块化理论的国内外研究述评[J].科研管理,29(3):187-191.

张彤玉,巨荣良,2006.产业组织范式的演进:从竞争垄断到竞争合作[J].经济学家.6:83-88.

张睿,于渤,2009.技术联盟组织知识转移影响因素路径检验[J].科研管理,30(1):28-37.

张宗益,李忠云,龙勇,2007.竞争性技能联盟中企业讨价还价能力实证研究[J].系统工程学报,22(2):148-155.

赵红梅,王宏起,2009.R&D联盟伙伴选择的试错机理研究[J].科学学与科学技术管理(6):26-29.

郑士源,王流尘,2009.基于动态合作博弈理论的航空联盟稳定性[J]. 系统工程理论与实践,24(4): 184-192.

邹艳, 杨乃定, 韦铁, 等,2009. 组织学习对企业合作创新知识转移的影响研究:协调机制的中介作用[J]. 科学学与科学技术管理(2): 96-100.

ANDERSON E, WEITZ B,1992. The use of pledges to build and sustain commitments in distribution channels[J]. Journal of Marketing Research(29):18-34.

ADAMANTIA G P,2009. Decision making on governance of strategic technology alliances[J]. Management Decision,47(2): 246-270.

AGGARWAL, V A, HSU D H,2009. Modes of Cooperative R&D Commercialization by Start-Ups[J]. Strategic Management Journal,30(8): 835-864.

ANTONCI B,PRODAN I,2008. Corporate technological entrepreneurship and firm performance: Testing a model on manufacturing firms[J]. Technovation(28):257-265.

ARINO A,RAGOZZINO R,REUER J J,2008. .Alliance dynamics for entrepreneurial firms[J]. Journal of Management Studies,45(1): 147-168.

ARORA A, MERGES R,2004. Specialized supply firms, property rights and firm boundaries[J]. Industrial and Corporate Change,13(3): 451-475.

ATHANASSIOU N, NIGH D,2000. Internationalization, tacit knowledge and the top management teams of MNCs[J]. Journal of International Business Studies(31): 471-487.

AUGUSTINE A L, RAJIV R D,AMANUEL G T,2007. Trust-opportunism paradox, relationalism, and performance in interfirmrelationships: Evidence from the retail industry[J]. Strategic Management Journal, 29 (4): 401-423.

BARNEY J.B, 1999. How a firm's capabilities affect boundary Decisions[J]. Sloan Management Review, 40(3): 137-145.

BAUGHN C C, DENEKAMP J G, STEVENS C D, 1997. Protecting intellectual capital in international alliances [J]. Journal of World Business, 32(2): 103-117.

BECERRA M, LUNNAN R, HUEMER L, 2008. Trustworthiness, Risk, and the transfer of tacit and explicit knowledge between alliance partners[J]. Journal of Management Studies, 45(4): 121-142.

BENGTSSON M, KOCK S, 2000. "Coopetition" in business networks to cooperate and compete simultaneously [J]. Industrial marketing management, (29): 411-426.

BHATTACHARYA S, GURIEV S, 2006. Patents vs. trade secrets: Knowledge licensing and spillover[J]. Journal of the European Economic Association, 4(6): 1112-1147.

BRANDENBURGER A M, NALEBUFF B J, 1995. The right game: use game theory to shape strategy[J]. Harvard Business Review, 73(4): 57-71.

BRANDENBURGER A M, NALEBUFF B J, 1996. Coopetition: A revolutionary mindset that combines competition and cooperation in the marketplace[M]. Boston : Harvard Business School Press.

BUCKLEY P J, et al., 2009. Knowledge accession and knowledge ac-

quisition in strategic alliances: The impact of supplementary and comple-
mentary dimensions[J]. British Journal of Management(20): 598-609.

BUCKLEY A, TSE K, 1996. Real operating options and foreign direct
investment: asynthetic approach[J]. European Management Journal(14):
304-314.

CHIESA V, MANZINI R, 1998. Organizing for technological collabo-
ration: a managerial perspective[J]. R&D Management(28):199-212.

COMINO S, MARIEL P, SANDONIS J, 2007. Joint ventures versus
contractual agreements: An empirical investigation[J]. Spanish Economic
Review,9(3): 159-175.

CONTRACTOR F, LORANGE P, 1998. Why should firms cooperate
in: F. J. Contractor (Ed.), The strategy and economics basis of coopera-
tive ventures in strategies in international business [M]. NewYork:
Lexington Books.

DUNNE D D, GOPALAKRISHNAN S, SCILLITOE J L, 2009. An
empirical study of the impact of firm resources on alliance governance
structures[J]. Journal of Engineering and Technology Management,26(3):
181-195.

DESARBO W S, et al., 2005. Revisiting the miles and snow strategic
framework: Uncovering interrelationships between strategic types, capabil-
ities, environmental uncertainty, and firm performance [J].Strategic Man-
agement Journal(26):47-74.

FOLTA T B, 1998. Governance and uncertainty: The trade-off
between administrative control and commitment[J]. Strategic Management

Journal(19):1007-1028.

GARCIA-CANAL ANA VALDES-LLANEZA1, PABLO SANCHEZ-LORDA,2008. Technological flows and choice of joint ventures in technology alliances Eteban[J]. Research Policy(37):97-114.

GARRETTE B,CASTANER X,DUSSAUGE P, 2009. Horizontal alliances as an alternative to autonomous production: Product expansion mode choice in the worldwide aircraft industry 1945—2000[J]. Strategic Management Journal,30(8):885-894.

GARWAL R A, CROSON R,MAHONEY J,2010. The role of incentives and communication in strategic alliances: An experimental investigation[J]. Strategic Management Journal(9):413-437.

GEYSKENS I, STEENKAMP E M, KUMAR N,2006. Make, buy, or ally: A transaction costtheory meta-analysis [J]. Academy of Management Journal,49(3): 519-543.

GOMES P J, JOGLEKAR N R,2008. Linking Modularity with problem solving and Coordination Efforts[J]. Managerial and Decision Economics(29):443-457.

GULATI R,1995. Does familiaritybreed trust? The implications of repeated ties for contractual choice in alliances [J]. Academic Manage Journal(38):85-112.

GULATI R, 1995. Social structure and alliance formation pattern: A longitudinal analysis[J]. Administrative Science Quarterly(40).

GULATI R,1998. Alliances and Networks[J]. Strategic Management Journal(19):293-317.

GULATI R,LAVIE D,SINGH,2009. The nature of partnering experience and the gains from alliances[J]. Strategic Management Journal(30): 1213-1233.

HAMEL G, 1991. Competition for Competence and Inter-partner Learning within International Strategic Alliances[J]. Strategic Management Journal(12):83-103.

HEIDE J,1994. Interorganizational governance in marketing channels[J]. Journal of Marketing(58): 71-85.

HEIMERIKS K H, KLIJN E,REUER J J,2009. Building capabilities for alliance portfolios[J]. Long Range Planning(14): 97-114.

HENNART J F,1988. A transaction costs theory of equity joint ventures[J]. Strategic Management Journal(9):361-374.

HOETKER G, MELLEWIGT T, 2009. Choice and Performance of Governance Mechanisms: Matching Alliance Governance to Asset Type[J]. Strategic Management Journal,30(10): 1025-1044.

HOMIN CHEN, TAINLY CHEN, 2003. Governance structures in strategic alliances: transaction cost versus resource-based perspective[J]. Journal of world business(38):1-14.

INKPEN A C,2008. Knowledge transfer and international joint ventures: The case of nummi and general motors[J].Strategic Management Journal(29):447-453.

INKPEN A C,2008. Managing knowledge transfer in international alliances[J]. Thunderbird International Business Review,50(2): 77-90.

JOSKOW P,1987. Contract duration and relationship-specific investments: Empirical evidence from coal markets[J]. American Economic Review(77):168-185.

KALE P, SINGH H, PERLMUTTER H, 2000. Learning and proprietary assets in strategic alliances: Building relational capita[J]. Strategic Management Journal(21): 217-237.

KARIM S, 2006. Modularity in organizational structure: The reconfiguration of internally developed and acquired business units[J]. Strategic Management Journal, 27(9): 799-823.

KHANNA T, 1998. The scope of alliances[J]. Organization Science, 9(3): 340-355.

KOEN DITTRICH, GEERT DUYSTERS, ARD-PIETER DE MAN, 2007. Strategic repositioning by means of alliance networks: The case of IBM[J]. Research Policy(36): 1496-1511.

KUEN-HUNG TSAI, 2009. Collaborative networks and product innovation performance: Toward a contingency perspective[J]. Research Policy, 38(5): 765-778.

LANGLOIS R, 2002. Modularity in technology and organization[J]. Journal of Economy Behavior Organization, 49(1): 19-37.

LEIBLEIN M J, 2003. The choice of organizational governance form and performance: predictions from transaction cost, resource-based and real options theories[J]. Journal of Management(29): 937-961.

LI DAN, et al., 2008. Friends, acquaintances, or strangers? Partner selection in R&D alliances[J]. Academy of Management Journal, 51(2): 315-334.

LI J,2007. Real options theory and international strategy: a critical review[J]. Advances in Strategic Management(24):67-101.

LINDER J, JARVENPAA S, DAVENPROT T,2003. Towards an innovation sourcing strategy[J]. Sloan Management Review,44(4):43-49.

LORANGE P, ROOS J,1992. Strategic alliances: Formation, implementation and evolution [M]. Cambridge:Mass, Blackwell.

LORI ROSENKOPF, MELISSA A. SCHILLING,2007. Comparing alliance network structure across industries:Observations and explanations[J]. Strat Entrepreneurship(1):191-209.

LUO Y D,2008. Structuring interorganizational cooperation: The role of economic integration in strategic alliances [J]. Strategic Management Journal,29(6): 617-637.

LUO Y,2005. Toward coopetition within a multinational enterprise: A perspective f rom foreign subsidiaries[J]. Journal of World Business,40(1): 71-90.

LUO Y, 2007. A coopetition perspective of global competition[J]. Journal of World Business,42(2):129-144.

MACNEIL,I R,1978. Contracts: adjustments of long-term economic relations under classical, neoclassical, and relational contract law [J]. Northwestern University Law Review(72): 854-902.

MANUEL BECERRA, RANDI LUNNAN, LARS HUEMER, 2008. Trustwort hiness, risk, and the transfer of tacit and explicit knowledge between alliance partners[J] . Journal of Management Studies,45(4):691-713.

MARIANI M M,2007. Coopetition as an emergent strategy[J]. International Studies of Management & Organization,37（2）：97 -126.

MARSH H W, WEN Z, HAU K T,2004. Structural Equation Models of Latent Interactions：Evaluation of Alternative Estimation Strategies and Indicator Construction[J]. Psychological Methods,9(3)：275-300.

MARK H HANSEN, ROBERT E HOSKISSON,JAY B BARNEY, 2008. Competitive advantage in alliance governance ：Resolving the op-portunism minimization and gain maximization paradox[J]. Managerial and Decision Economics,29(2 3):191-208.

MCGRATH R G, MACMILLAN I C, 2000. The entrepreneurial mindset：Strategies for continuously creating opportunity in an age of un-certainty[M]. Boston:Harvard Business School Press MA.

MEULEMAN M,LOCKETT A,2010. Manigart S. Partner selection decisions in interfirm collaborations：The paradox of relational embedded-nessjoms[J]. Journalof Management Studies:1-25.

MELLEWIGT M A, WEIBEL A,2007. Trust and formal contracts in interorganizational relationships：Substitutes and complements[J]. Manag-erial and decision economics(28):833-847.

MEYER K E,WRIGHT M,PRUTHI S,2009. Managing knowledge in foreign entry strategies：a resource-based analysis [J]. Strategic Management Journal(30):557-574.

MITCHELL W,DUSSAUGE P,GARRETTE B,2002. Alliances with competitors：How to combine and protect key resources? [J]. Creativity and Innovation Management,11(3)：203-223.

NAKOS G, KEITH D, BROUTHERS, 2008. International alliance

225

commitment and performance of small and medium-size enterprises The mediating role of process control[J]. Journal of International Management (14):124-137.

NESS H,2009. Governance, negotiations, and alliance dynamics: Explaining the evolution of relational practice[J]. Journal of Management Studies,46(3): 451-480.

NORMAN P M, 2002. Protecting knowledge in strategic alliances: Resource and relational characteristics[J]. Journal of High Technology Management Research(13):177-202.

OSBORN R N, MARION R,2009. Contextualleadership, transformational leadership and the performance of international innovation seeking alliances[J]. The Leadership Quarterly(20):191-206.

OXLEY J E, 1997. Appropriability hazards and governance in strategic alliances: A transaction cost approach[J]. The Journal of law, economics and organization,13(2): 387-409.

OXLEY J E,SAMPSON R C,2004. The scope and governance of international R&D alliances[J]. Strategic Management Journal,25(8-9): 723-749.

OXLEY J E, WADA T,2009. Alliance structure and the scope of knowledge transfer: Evidence from U. S.-Japan agreements [J]. Management Science,55(4): 635-649.

PARNAS D,1972. On the criteria tobe used in decomposing systems into modules[J]. Communications of the ACM,15(9): 1053-1058.

PASTOR M, SANDONIS J,2002. Research joint ventures vs. cross licensing agreements: an agency approach [J]. Int J Ind Organ (20):215 -249.

PENG T A, BOURNE M,2009. The coexistence of competition and cooperation between networks: Implications from two Taiwanese healthcare networks[J]. British Journal of Management(20):377-400.

PISANO G, 1989. Using equity participation to support exchange: Evidence from the biotechnology industry[J]. Journal of Law, Economics and Organization,5(1): 109-126.

REUER J J, ARINO A, 2007. Strategic alliance contracts: Dimensions and determinants of contractual complexity[J]. Strategic Management Journal(28):313-330.

RICCABONI M,MOLITERNI R,2009. Managing technological transitions through R&D alliances[J]. R&D Management,39 (2): 124-135.

ROTHAERMELI F T,BOEKER W,2008. Old technology meets new technology: Complementarities, similarities, and alliance formation [J]. Strategic Management Journal,29(1): 47-77.

SAMPSON R C, 2004. Organizational choice in R&D alliances: Knowledge-based and transaction cost perspectives [J]. Managerial and Decision Economics,25(6-7): 421-436.

SAMPSON R C, 2004. The cost of misaligned governance in R&D Alliances[J].The Journal of Law, Economics and Organization,20(2): 484-526.

SANCHEZ R,1993. Strategic flexibility, firm organization and managerial work in dynamic markets[J]. Advances in Strategic Management(9):

251-291.

SANCHEZ R M, J T, 1996. Modularity, flexibility, and knowledge management in product organization and design[J]. Strategic Management Journal(17): 63-76.

SANCHEZ R, 1999. Modular Architectures in the Marketing Process[J]. Journal of Marketing(63): 92-111.

SANCHEZ R, 2003. Integrating transaction cost theory and real options theory[J]. Managerial and Decision Economics(24):267-282.

SANTORO M D, MCGILL J P, 2005. The effect of uncertainty and asset co-specialization on governance in biotechnology alliances [J]. Strategic Management Journal(26):1261-1269.

SCHREINER M, KALE P, CORSTEN D, 2009. What really is alliance management capability and how does it impact alliance outcomes and success? [J] Strategic Management Journal(10):1395-1419.

SCHONFELD E, 2005. The Great Giveaway[J]. Business 2.0(4): 81-86.

SCHILLING M, A, 2000. Toward a general modular systems theory and its application to interfirm modularity[J]. Academy of Management Review, (25):312-334.

SIMON H A, 1962. The architecture of complexity[J]. Proceedings of the American Philosophical Society, 106(6): 467-482.

SOEKIJAD M, ANDRIESSEN E, 2003. Conditions for knowledge sharing in competitive alliances[J]. European Management Journal, 21(5):578-587.

SOSA M, EPPINGER S, ROWLES C, 2004. The misalignment of

product architecture and organizational structure in complex product development[J]. Management Science,50(12): 1678—1689.

STANDING S, STANDING C, LIN C, 2008. A framework for managing knowledge in strategic alliances in the biotechnology sector[J]. Systems Research and Behavioral Science(25):783—796.

STEENSMA H K, CORLEY K G,2000. On the performance of technology-sourcing partnerships: the interaction between partner interdependence and technology attribute[J]. Academy of Management Journal,43(6):1045—1067.

TEECE D J,1992. Competition, cooperation, and innovation:Organizational arrangements for regimes of rapid technological progress[J]. Journal of Economic Behavior and Organization,(18):1—25.

TENG B S,DAS D K,2008. Governance structure choice in strategic alliances-The roles of alliance objectives, alliance management experience, and international partners[J]. Management Decision,46(5—6): 725—742.

TIWANA A, 2008a. Does interfirm modularity complement ignorance? A field study of software outsourcing alliances [J]. Strategic Management Journal(29):1241—1252.

TIWANA A,2008b. Does technological modularity substitute for control? A study of alliance performance in software outsourcing[J]. Strategic Management Journal(29): 769—780.

VARESKAVAN DE VRANDE, CHARMIANNE L, WIM VANHAVERBEKE, 2006. Choosing governance modes for external technology sourcing[J]. R&D management,36(3): 347—363.

VASSOLO R S, ANAND J, FOLTA T B,2004. Non-additivity in port-folios of exploration activities: A real options-based analysis of equity alliances in biotechnology[J]. Strategic Management Journal, (25): 1045-1061.

WALTER J, LECHNER C,KELLERMANNS F W,2008. Disentangling Alliance Management Processes Decision Making, Politicality, and Alliance Performance[J]. Journal of Management Studies,45(3):112-135.

WALLEY K,2007. Coopetition-An introduction to the subject and an agenda for research[J]. International Studies of Management & Organization,37(1):11-31.

WILLIAMSON O E,2001. The theory of the firm as governance structure[J]. University of California at Berkeley Working Paper.

WITTMANN C M, HUNT S D, ARNETT D B,2009. Explaining alliance success: Competences, resources, relational factors, and resource-advantage theory[J]. Industrial Marketing Management(38): 743-756.

WILLIAMSON O E, 1975. Markets and hierarchies: Analysis and anti-turst implication[M]. New York: The Free Press.

WILLIAMSON O E, 1985. The economic institutions of capitalism: Firms markets, relational contracting[M]. New York:The Free Press.

WILLIAMSON O E, 1991. Comparative economic organization: The analysis of discrete structural alternatives [J]. Administrative Science Quarterly, (36): 269-296.

WILLIAMSON O E, 1998. Transaction cost economics: How it works; Where it is headed[J]. De Economist(146):23-58.

XU JIANG, YUAN LI,2008. The relationship between organizational learning and firms' financial performance in strategic alliances: A contingency approach[J]. Journal of World Business(43):365-379.

YADONG LUO,2008. Procedural fairness and interfirm cooperation in strategic alliances[J]. Strategic Management Journal(29): 27-46.

YADONG LUO,2008. Structuring interorganizational cooperation the role of economic integration in strategic alliances [J]. Strategic Management Journal(29):617-637.

YANG J, et al.,2008. Relational stability and alliance performance in supply chain[J]. Omega-International Journal of Management Science, 36(4): 600-608.

YIKUAN LEE, CAVUSGIL S T,2006. Enhancing alliance performance: The effects of contractual-based versus relational-based governance [J]. Journal of Business Research(59):896-905.

ZOLLO M, REUER J J, SINGH H,2002. Interorganizational routines and performance in strategic alliances[J]. Organization Science,13(6): 701-713.

附　录

附录 A　关于同行竞争性企业合作关系的调查问卷

问卷说明：

本问卷调查的对象是已经与竞争对手建立合作关系的各类企业，旨在研究竞争合作过程中影响合作效果的若干因素，并对合作效果进行综合评价。该研究能够为企业与竞争对手建立合作关系提供依据与参考。

填写调查问卷对企业来说同时也是一个自我了解、学习和提高的过程，能使企业对如何通过合作实现自身竞争优势的提高进行思考，进而对企业发展策略形成更为深入的认识。敬请回答下面的问题，在不能得到精确数据时，请尽量做到准确估计。您回答的真实性对我们研究的准确性十分重要。

我们郑重承诺：问卷所收集的材料只作本研究分析研究之用，绝不向外泄露企业信息（研究报告只会使用 100 家以上企业的综合资料，不涉及单个企业信息），更不会影响到贵公司的业务发展。因此，希望您根据题目要求，如实地回答，请勿漏项。

如果您希望得到该课题的相关研究成果,请注明。

感谢贵公司的合作与支持!

负责人:

①龙勇,重庆大学教授、博导,教育部部级人才,国家"985 工程"研究中心负责人;

②聂鹰,重庆大学博士生。

第一部分　合作体概况

1. 您的姓名:＿＿＿＿＿＿　职务:＿＿＿＿＿＿

2. 您的电话:＿＿＿＿＿＿　传真:＿＿＿＿＿＿

3. 您的电子邮箱:＿＿＿＿＿＿＿＿＿＿＿＿

4. 单位名称:＿＿＿＿＿＿＿＿＿＿＿＿＿＿

5. 地址:＿＿＿＿＿＿＿＿＿＿＿＿＿＿＿＿

6. 邮编:＿＿＿＿＿＿＿＿＿＿＿＿＿＿＿＿

以下问题选项同意请打"√",或选择字母。

7. 贵企业所属的行业类别:加工制造业(　) 消费品工业(　) IT 业(　) 金融服务业(　) 医药化工业(　) 批发零售业(　) 建筑房地产业(　) 物流运输业(　) 媒体服务业(　) 其他＿＿＿＿＿

8. 贵企业与合作伙伴是否是竞争对手? 是(　) 不是(　)

9. 贵企业与合作伙伴的主要产品(服务)是否具有直接竞争或替代关系? 是(　) 不是(　)

10. 贵公司的所有制性质:国有企业(　) 民营企业(　) 外商投资企业(　) 其他所有制(　)

11. 合作的形式(　　):

A.单边协议(指合作业务所需的关键技术或资源是由一方提供的,并以合约形式开展合作)

B.双边协议(指合作双方各自同时向合作体投入了重要资源,并以合约的形式开展合作)

C.单方持股(指贵企业单方持有伙伴企业的部分股权)

D.相互持股(指贵企业与伙伴相互持有对方部分股权)

E.合资(指为了开展合作业务,贵企业与伙伴组建了独立的合资公司)

12. 联盟体中员工人数(　　)

A.100 以下　　B.100~500　　C.501~1 000　　D.1 000~5 000　　E.5 000 以上

13. 联盟体的投资规模(　　)

A.100 万以下　　B.100~500 万(不含)　　C.500~1 000 万(不含)

D.1 000~5 000 万(不含)　　E.5 000 万~1 亿(不含)　　F.1 亿及以上

14. 合作建立的时间:＿＿＿＿＿＿　　终止时间(实际发生或预期):＿＿＿＿＿＿

第二部分　联盟内部情况

您对下列有关贵公司所建立联盟的相关情况的描述持何种态度,请用 1~5 来表明,其中 1 表示极不同意,5 代表完全同意,2~4 表示程度的逐渐增强,请将同意的选项打"√"。

15. 合作双方的交易属性

双方向联盟投入了大量的专门性人力和资产　　1　2　3　4　5

终止合作后重置资源到其他用途的难度	1 2 3 4 5
解散合作后原投入资源的不可收回程度	1 2 3 4 5
评估合作伙伴努力程度的难度	1 2 3 4 5
伙伴之间的交易频率	1 2 3 4 5

16. 合作双方的资源特征

双方向联盟投入的资源都具有很高价值　　　　　 1　2　3　4　5

双方向联盟投入的资源具有显著的稀有性　　　　 1　2　3　4　5

双方向联盟投入的资源具有显著的不可模仿性　　 1　2　3　4　5

双方向联盟投入的资源可以被企业所利用　　　　 1　2　3　4　5

双方向联盟投入的资源具有显著的渗透性　　　　 1　2　3　4　5

17. 企业自身的能力特征

贵企业在联盟中具有良好的协调能力　　　　　　 1　2　3　4　5

贵企业在联盟中具有良好的沟通能力　　　　　　 1　2　3　4　5

贵企业在联盟中具有良好的凝聚能力　　　　　　 1　2　3　4　5

18. 外部不确定性

行业中消费者的需求偏好变化很快　　　　　　　 1　2　3　4　5

行业中技术更新速度很快　　　　　　　　　　　 1　2　3　4　5

行业中其他对手的竞争策略多样且变化速度快　　 1　2　3　4　5

19. 期权价值

通过合作,贵企业的利润水平显著增长　　　　　 1　2　3　4　5

通过合作,贵企业的盈利能力显著提高　　　　　 1　2　3　4　5

通过合作,贵企业的市场份额显著增加　　　　　 1　2　3　4　5

20. 机会主义风险

合作过程中,由于分工使企业失去了某些业务或技术方面的能力

　　　　　　　　　　　　　　　　　　　　　　 1　2　3　4　5

合作过程中,企业的核心技能被模仿或转移,弱化了原有竞争优势

　　　　　　　　　　　　　　　　　　1　2　3　4　5

合作过程中,企业对伙伴产生了很强的依赖性　1　2　3　4　5

企业被伙伴敲竹杠　　　　　　　　　　　　1　2　3　4　5

合作成员之间相互不信任　　　　　　　　　1　2　3　4　5

21. 潜在竞争优势

通过合作,贵企业的管理水平有明显提高　　1　2　3　4　5

通过合作,贵企业的组织创新能力显著提高　1　2　3　4　5

通过合作,贵企业在行业中的竞争地位有显著提升

　　　　　　　　　　　　　　　　　　1　2　3　4　5

22. 联盟范围控制

联盟与母公司在合作业务中的地位和角色有清楚的界定并严格区分　　　　　　　　　　　　　　1　2　3　4　5

对地理、客户、商标等会展示给伙伴的具体经营内容有严格的规模和程度考虑　　　　　　　　　　1　2　3　4　5

有职能部门严密控制合作信息和知识分享的程度 1　2　3　4　5

严格限制对方访问战略、市场销售、技术性知识　1　2　3　4　5

23. 技术模块化

合作涉及的技术(产品)可以分解为多个模块(模具或组件)

　　　　　　　　　　　　　　　　　　1　2　3　4　5

各模块之间有稳定的标准化接口　　　　　　1　2　3　4　5

各模块已经高度标准化　　　　　　　　　　1　2　3　4　5

不同模块的开发由相应的独立部门(公司)进行　1　2　3　4　5

237

24. 合同复杂度

定期报告所有相关交易	1	2	3	4	5
及时书面记录违背合作协议的事项	1	2	3	4	5
使用或涉及专有的信息或资源需签订保密条款	1	2	3	4	5
协议结束后不能继续使用其专有信息或资源	1	2	3	4	5
协议包括完整的终止条款	1	2	3	4	5

附录 B　竞争性联盟企业深度访谈提纲

访谈企业名称：_____　　访谈参与人员：_____

访谈时间：_____　　访谈地点：_____

导入性问题：

1. 贵企业有没有与竞争对手组建联盟？

行业环境部分：

2. 如何评价贵企业所处的行业结构（企业数量、企业规模/实力差异、竞争激烈程度等）？

联盟特征部分：

3. 合作成员分别向联盟投入了什么资源或技能？这些资源的可转移能力（被模仿、被学习的可能性）是否存在差别？

4. 联盟选取了怎样的结构模式，为什么？

选择联盟结构时必然会考虑联盟的目标任务、涉及的资源特征等，但是否会考虑行业层面的影响，比如行业的竞争结构、其他对手结盟的结构模式等；是合作的内容（研发、销售）决定了联盟结构，还是企业向联盟投入的原始资源特征决定结构？

合作风险部分：

5. 贵企业对合作过程中的风险如何评价？

合作过程中伙伴是否有不完全履约的行为,如资源投入不足、欺骗等？

合作过程中贵企业是否担心自己的优势资源会被伙伴复制和转移？采取了怎样的应对方法？

合作收益部分：

6. 贵企业认为与对手的联盟对自身的经营发展有哪些影响？

（竞争优势方面、学习能力方面、成本利润等经营绩效方面）

7. 站在企业的角度,您认为从哪些方面对联盟的效果进行评价是比较合理的？

（是从结果的角度,如最终的利润、市场份额、技术研发成功与否等;还是从过程的角度,如诚实守信、互动满意度等）

附录 C　攻读博士学位期间的主要成果

发表的学术论文

[1]龙勇,聂鹰.获取持久竞争优势:以组织核心胜任特征为基础的动态模型[J].管理评论,2008(3):25-30.

[2]聂鹰,龙勇.国内外战略联盟研究的现状及前沿分析[J].经济体制改革,2010(6):11-16.

[3]聂鹰,龙勇.契约联盟中的知识泄漏风险与合同治理:技术模块化的调节作用研究[J].社会科学研究,已录用.

[4]肖凌,聂鹰.国有银行中层管理人员胜任特征模型[J].经济科学,2006(5):83-89.

参与的科研项目

[1]竞争性战略联盟的合作效应与效率边界研究(批准号:70672012).国家自然科学基金课题,主要研究成员之一,2007.1—2009.12.

[2]国家自然科学基金的申请报告《基于价值链(产业链)的战略联盟资产类型与治理机制关系研究》.主要研究员之一,2010.1—2010.3.

[3]重庆市水利投资(集团)有限公司项目管理与法人治理建设研究.主要研究成员之一,2006.4—2006.10.

［4］重庆商社（集团）发展战略规划. 重庆商社（集团）委托项目. 主要研究员之一, 2007. 6—2007. 9.

［5］重庆市南滨路文化创意产业园园区运行及商业模式研究报告. 主要研究成员之一, 2008. 6—2008. 12.

致 谢

　　五年的博士学习与研究，给我留下了太多值得珍藏的回忆，经历了酸、甜、苦、麻、艰辛、等待与充满希望。幸运的是，一路上有恩师、家人和朋友们的教诲、付出和陪伴，这段时光我将永远铭记在心。

　　感谢恩师龙勇教授及师母赵静怡。感恩于恩师将我纳入门下，精心培养。龙教授严谨求实的科研风范、精深的理论修养、孜孜不倦的进取精神及卓越的口才使我受益匪浅。龙教授的启发式教育方式让我突破重重研究阻碍，对人生、社会产生了全新的见解。师母赵老师几年来给予我母亲般的关爱与呵护，使我虽远离父母也一直享受着家的温暖。在此，怀着无比感恩的心情向恩师和师母表示衷心感谢。

　　感谢纪晓丽教授及台湾元智大学的黄敏萍和周丽芳教授。在重庆大学求学时，纪晓丽教授接纳并悉心栽培我，推荐我攻读更高的学位，鼓励我走出意外伤病的阴影，在毕业前最困难的时期给予我最大程度的支持，您的恩情学生没齿难忘。感谢黄敏萍老师和周丽芳老师对我的关爱和栽培，无论是在学术上的收获还是在生活中的感情，无论是"心理学暑期工作坊"还是"光阴的故事"都将永远陪伴我人生的旅程。

　　感谢张宗益教授、刘星教授、孟卫东教授、但斌教授、张旭梅教授、邵兵家教授、苏素教授、曹国华教授、蒲勇健教授、陈其安老师、阎威老师、康继军老师、吴俊老师、米音老师、林鉴军老师及重庆大学经管学院所有老师在我攻读硕士研究生和博士研究生期间的授业解惑之恩。感谢我的师兄弟姐妹：李军峰、李世清、徐亮、徐爱东、郑景丽、常宝龙、李薇、赵艳玲、梅德强、李芃、张煜、余涛、吴海春、庞思迪……感谢我的老同学和老朋友长期以来对我的支持，他们是聂君、任宇、朱升真、韩伟、黄金钟、周金应、徐磊、肖凌……

感谢父母为我创造了良好的生活环境和学习条件，不遗余力地支持与关心我，是父母无尽的爱、信任和宽容给了我力量，父母的快乐和健康是我生命的意义。

聂　鹰

2021 年 10 月